Barbara Berckhan

Schluss mit der Anstrengung!

W0220841

Barbara Berckhan

Schluss mit der Anstrengung!

Ein Reiseführer in die Mühelosigkeit

Kösel

Illustrationen: Isolde Schmitt-Menzel, Bad Homburg

ISBN 3-466-30572-1
© 2002 by Kösel-Verlag GmbH & Co., München
Printed in Germany. Alle Rechte vorbehalten
Druck und Bindung: Kösel, Kempten
Umschlag: Kaselow Design, München
Umschlagmotiv: Kupka/Mauritius

Inhalt

Einleitung

Sicherlich haben Sie es gemerkt: Ein Denkmal bröckelt langsam. Es ist das Denkmal der Tüchtigkeit. Viel arbeiten, lange Tage im Büro – das war früher hoch angesehen. Die meisten Menschen glaubten, dass Erfolg durch Fleißigsein entsteht. Wer sich krumm legt, der kommt voran, bringt es zu etwas. Das war früher. Heute zweifeln immer mehr Menschen daran. Wir sind skeptischer geworden. Vorbei die Zeit, als wir die Vielbeschäftigten noch bewunderten. Die Leute mit den 60-Stunden-Wochen und den 16-Stunden-Arbeitstagen. Deren Terminkalender so dick wie ein Wörterbuch war – mit ebenso vielen Einträgen. Jede freie Minute waren sie in Aktion. Immer beim Telefonieren, Faxen, Mailen oder Geschäftsunterlagen studieren. Irgendwo lauerte ständig ein Meeting, eine Präsentation, ein Konkurrenzkampf. Eine Aura von Gehetztsein und Aufopferung umwehte unsere damaligen Gladiatoren. Und selbst ihre Freizeit, wenn es so etwas überhaupt gab, war angefüllt mit Sportterminen, Kulturterminen, Networking, Beziehungsarbeit. Der Lieblingsspruch der Arbeitsjunkies war: »Ausruhen? Das mach ich, wenn ich tot bin.«

Manche der Fleißigen zahlten einen hohen Preis. Hörsturz, Herzinfarkt, Verhärtungen der Seele sind bis heute die Risiken und Nebenwirkungen der Arbeitswut. Wir haben gesehen, wie unsere Helden neue Firmen aufbauten und viele Projekte gleichzeitig abwickelten, aber sich selbst dabei ruinierten. Geschäftlich erfolgreich – persönlich ausgebrannt. Jetzt erkennen wir, dass unter dem Tüchtigsein eine Menge Angst steckte. Die Angst davor, den Arbeitsplatz zu verlieren oder vom Konkurrenten überholt zu werden. Angst, zum alten Eisen zu gehören, und Angst vor der inneren Leere. Und das war der Motor für noch mehr Anstrengung. Irgendwann tauchte die Frage auf: Muss das so sein? Müssen wir uns krumm legen, um voranzukommen? Und können wir nur dann viel erreichen, wenn wir uns aufopfern? Nein und noch mal nein.

Erfolg entsteht nicht durch *viel* tun, sondern durch das *Richtige* tun.

Viel tun führt nicht automatisch zu viel Erfolg oder zu viel Einkommen. Im Gegenteil. Es gibt den Punkt, an dem immer mehr tun immer weniger bringt. Das lässt sich an einem Beispiel leicht erklären:

Stellen Sie sich einen Mann (oder eine Frau) vor, der keine allzu großen Erfahrungen mit dem Kochen hatte. Da er aber Besuch bekam, wollte er für seine Freunde eine Suppe kochen. Nicht irgendeine, sondern die beste Suppe. Sie sollte von erstklassiger Qualität sein. Nachdem die Zutaten schon im Topf kochten, probierte er die Suppe. Sie schmeckte etwas fade. Er gab eine Prise Salz hinzu – ja, jetzt schmeckte sie schon besser. Unser Suppenkoch dachte sich: »Salz. Darauf kommt es an« und nahm noch eine Prise Salz. Wow! – die Suppe schmeckte noch besser. Jetzt glaubte er, das Geheimnis erfolgreicher Suppen entdeckt zu haben. Und da er die beste Suppe aller Zeiten servieren wollte, nahm er das ganze Paket Salz und schüttete alles in die Suppe. Sie wurde ungenießbar.

Der Glaube »Viel bringt viel« ist schlicht falsch! Das Passende bringt es. Und wie das Salz in der Suppe, ist das Passende eher wenig. Wenn Leute viel tun, dann besteht die Gefahr, dass sie »die Suppe versalzen« und deshalb keinen Erfolg haben. Richtig tragisch wird es, wenn diese Vielbeschäftigten versuchen, mit noch mehr tun aus der Misere herauszukommen. Es gibt dazu einen schönen Satz von Stephen Covey, einem amerikanischen Selbstmanagement-Experten: »Mehr Dinge schneller zu tun ist kein Ersatz dafür, das Richtige zu tun.«

Der Glaube »Viel bringt viel« ist falsch. Arbeiten Sie lieber clever statt hart.

Wenn Sie in Ihrem Leben etwas erreichen wollen, dann hören Sie auf, sich immer mehr anzustrengen. Probieren Sie es stattdessen mit Mühelosigkeit. Mit dem Wenigen, das passt. Werfen Sie den Ballast, das Überflüssige ab und konzentrieren Sie sich auf den Knackpunkt, der Sie erfolgreich macht. Arbeiten Sie clever statt hart. So können Sie mit weniger Aufwand, mehr erreichen. Wie das genau funktioniert, steht in diesem Buch. Hier finden Sie die praktischen Tipps, mit denen Sie aus dem Zu-viel-Tun aussteigen und in die Mühelosigkeit einsteigen können. Dafür müssen Sie nicht Ihr Leben umkrempeln oder Ihre

Persönlichkeit auswechseln. Es sind die kleinen, aber genialen Veränderungen, die eine große Wirkung haben. Dieses Buch ist voll davon. Das Ganze wird noch einfacher, wenn Sie methodisch an die Sache herangehen. Befreien Sie sich zuerst vom Kleinkram und anderen Energieräubern. Wie das geht, steht in den ersten drei Kapiteln »Die 1000 Dinge beruhigen«. Wenn Sie dadurch mehr Kraft und Zeit gewonnen haben, können Sie konzentrierter an Ihre Aufgaben rangehen. Im zweiten Abschnitt »Weniger tun, mehr erreichen« geht es darum, dass Sie das Richtige tun, anstatt fleißig zu sein. Hier erfahren Sie, wie Sie mit wenig Aufwand vorankommen. Im dritten Abschnitt »Fit fürs Faulenzen« geht es ums Abschalten und Nichtstun. Um das süße Leben ohne Druck und Hektik und darum, wie wir durch das Faulenzen unsere Leistungsfähigkeit erhalten und sogar steigern können.

Es sind die kleinen, aber genialen Veränderungen, die den Alltag erleichtern. So können Sie mit wenig Aufwand viel erreichen.

Vielleicht gehören Sie zu den fortgeschrittenen Lebenskünstlern, die es sich gern bequem machen und ein Buch nur noch locker überfliegen. In dem Fall habe ich einen besonderen Service für Sie. Hinten im Buch sind alle Tipps noch einmal zusammengefasst und aufgelistet. Damit wird das Überfliegen noch einfacher für Sie.

Bevor es losgeht, möchte ich mich bei meinen Seminarteilnehmern bedanken. Sie haben mir immer gezeigt, welche meiner Tipps brauchbar sind und welche ich getrost weglassen kann. Und meinen Seminarteilnehmern verdanke ich auch die Fallgeschichten und Beispiele, die ich hier zitiere. Oft saß ich mit einem Kassettenrekorder vor den Gruppen oder schrieb eifrig mit, was Einzelne sagten. Wenn es ein gutes Seminar war, habe ich mindestens ebenso viel gelernt wie meine Teilnehmer.

Ich hoffe, Sie finden in diesem Buch viele Anregungen und brauchbare Rezepte, mit denen Sie Ihr Leben vereinfachen und erleichtern können. Wie immer bei solchen Ratgebern gilt: Probieren Sie, was Sie für sich nutzen können und lassen Sie den Rest einfach weg. Hier gibt es kein Muss, nur Inspiration und Ermutigung. Machen Sie das Beste daraus. Dabei wünsche ich Ihnen viel Spaß.

Die 1000 Dinge beruhigen

In den nächsten Kapiteln erfahren Sie:

- warum Kleinkram keine Kleinigkeit ist
- wie Sie den Alltagskram in den Griff bekommen
- wie Sie Leute, die Ihnen Zeit und Kraft rauben, mühelos stoppen
- wie Sie aus dem Zu-viel-Tun herauskommen
- warum ein gesunder Egoismus so wichtig ist

Nur wenn wir andere Dinge loslassen,
finden wir die Freiheit,
uns mit wesentlichen Dingen zu befassen.

Stephen Covey

Versinken Sie nicht im Kleinkram

Mühelosigkeit ist die Schwester der Leichtigkeit. Wenn Sie müheloser leben wollen, dann erleichtern Sie sich Ihren Alltag. Befreien Sie sich vom Ballast. Von den Dingen, die Ihnen die Zeit und die Kraft rauben. Und dabei beginnen wir mit einer Last, die häufig übersehen wird, weil sie scheinbar so harmlos ist. Aber nur scheinbar. In Wirklichkeit handelt es sich um einen ungeheuren Zeitfresser: der alltägliche Kleinkram.

Kleinkram ist keine Kleinigkeit. Er verhindert, dass Sie Ihre größeren Pläne verwirklichen.

Wenn Sie das Gefühl haben, Sie kommen in Ihrem Leben nicht richtig voran, sind aber dennoch dauernd beschäftigt, dann haben Sie es mit Kleinkram zu tun. Lassen Sie sich nicht von dem Wort Kleinkram täuschen. Er ist nicht so winzig, wie das Wort klingen mag. Kleinkram ist keine Kleinigkeit. Wenn er überhand nimmt, sind wir blockiert. Oft höre ich, wie Leute zu mir sagen: »Ich würde auch gern mal ein Buch schreiben« oder: »Irgendwann will ich mich selbstständig machen und mein eigenes Geschäft aufbauen.« Aber was hindert diese Menschen daran, die Sache *jetzt* anzupacken? Es ist der gewöhnliche Alltagskram, der die Leute behindert. Sie haben für die großen Sachen keine Zeit mehr, die Pläne werden auf Eis gelegt. Und da bleiben sie auch, wenn der Kleinkram sich weiterhin so breit machen kann.

Obwohl sich Millionen von Erwachsenen jeden Tag damit herumschlagen, ist der gewöhnliche Alltagskram bisher kaum erforscht worden. Ich habe keine einzige wissenschaftliche Untersuchung über Entstehung und Lebensweise des Kleinkrams gefunden. Mir blieb nichts anderes übrig, als ihn selbst zu untersuchen. Ich kann Ihnen hier die ersten Ergebnisse meiner Forschung präsentieren.

Kleinkram – wo kommt er her und wie lebt er?

Das Erste, was am gewöhnlichen Kleinkram auffällt, ist seine Harmlosigkeit. Jedes einzelne Stück ist für sich genommen ein Klacks. Kaum der Rede wert. Deshalb werden diese Kinkerlitzchen auch gern begleitet von den Worten »mal eben schnell«, »geht ganz fix«, »ist doch nur eine Kleinigkeit«. Daran können Sie den Kleinkram sofort erkennen. Spätestens jetzt fällt einem auf, dass es »einen Kleinkram« nicht gibt. Eine Kleinigkeit kommt nie allein. Sie erscheint immer in Massen, wie eine Flutwelle: den neuen Spiegel im Bad anbringen, Geschenk für Tante Sophie kaufen, Auto durch den TÜV bringen, kaputte Glühbirne auf dem Dachboden austauschen, Faschingskostüm für den Sohn nähen, den Kleider-

Eine Kleinigkeit kommt nie allein. Sie erscheint immer in Massen.

schrank aufräumen, neues Datenbankprogramm im Computer installieren. Und alles möglichst bis gestern.

Obwohl es nur Lappalien sind, ist es schwierig, sie zu ignorieren. Denn alle Nebensächlichkeiten finden in unserem Alltag einen Nistplatz, an dem sie sich breit machen können. Sie kleben als Haftnotiz an Pinnwänden und Kühlschranktüren. Oder sie nehmen die Form von Zu-erledigen-Listen an, die dann gern auf Schreibtischen vergraben werden. Aber am liebsten belagert der Kleinkram unsere Köpfe. Dort frisst er sich in unsere Gehirnwindungen und erzeugt ein Gefühl von Belastung: »Ich muss mich noch um so vieles kümmern. Ich weiß nicht, womit ich anfangen soll.« »Ich muss noch wahnsinnig viele Sachen erledigen, die ich nicht vergessen darf.« Wenn Ihnen solche Gedanken kommen, sind Sie wahrscheinlich dabei, im Alltagskram zu versinken.

Vorsichtig bei den Worten »... mal eben kurz ...«, »... das geht ganz schnell«, »... dauert nur eine Minute«. Dahinter versteckt sich der Kleinkram.

Damit Sie nicht in den Kleinigkeiten untergehen, ist es sinnvoll, die Lebensweise des Kleinkrams kennen zu lernen. Nur so können Sie verhindern, dass er sich ständig vermehrt und Ihnen die Zeit stiehlt. Deshalb habe ich Ihnen hier die wichtigsten Eigenschaften des Kleinkrams übersichtlich aufgelistet.

Versinken Sie nicht im Kleinkram

Lebensweise und Nistplätze des Alltagskrams

- **Erkennungsmerkmale:** Kleinkram sieht harmlos aus. Er tarnt sich als Bagatelle und hat das Image, man könnte schnell mit ihm fertig werden. Er wird häufig von den Worten begleitet »Ich darf nicht vergessen ...« oder »Ich muss unbedingt daran denken ...«

- **Vorkommen:** Kleinkram tritt immer im Rudel auf. Dabei schließen sich mehrere unterschiedliche Arbeiten zusammen und wollen möglichst sofort erledigt werden.

- **Verhalten im Alltag:** Kleinkram wird gerne aufdringlich und neigt dazu, sich ständig in den Vordergrund zu spielen. Es gibt Kleinigkeiten, die es schaffen, sofort beachtet zu werden. Sie erzeugen zusätzlichen Druck mit den Worten »eilt!«, »schnell!«, »ganz dringend!«.

- **Nistplätze:** Kleinkram fühlt sich überall wohl, aber prinzipiell ist er darauf aus, sich in den Köpfen der Menschen breit zu machen. Dort kann er dann rund um die Uhr drängeln. Zwischenstationen sind Papierstapel auf Schreibtischen, Ablagekörbe, Notizen neben dem Telefon sowie Zettel und Listen, die sichtbar aufgehängt werden.

- **Ursprung des Kleinkrams:** Jede Verpflichtung, die wir eingehen, erzeugt im Laufe der Zeit kleine Aufgaben. Dinge, die zu erledigen sind. Oft erkennen wir am Anfang noch nicht das ganze Ausmaß des Kleinkrams, der damit verbunden ist. Die einfache Formel lautet: Viele Verpflichtungen – viel Kleinkram.

- **Heimtückischer Kleinkram:** Es gibt Kleinigkeiten, die tyrannische Züge entwickeln können. Dazu gehören beispielsweise Möbel zum Selbstaufbauen. Der niedrige Preis verführt zum Kauf, oft mit dem Irrglauben, das Zusammenbauen würde nur ein paar Minuten dauern. Aber hier schlägt der heimtückische Kleinkram unerwartet zu. Die Bauanleitung ist unverständlich, die beiden entscheidenden Schrauben fehlen, das Ganze dauert Stunden, die Nerven liegen blank, Paare streiten sich, das Möbelstück landet halb fertig im Keller.

Bleibt nur noch die Frage, ob wir dazu verdammt sind, für immer mit dem Kleinkram zu kämpfen. Oder gibt es ein Leben ohne lästige Banalitäten? Vermutlich nicht. Aber in meiner wissenschaftlichen Erforschung des Kleinkrams bin ich auf eine interessante Entdeckung gestoßen. Kleinkram lässt sich zwar nicht abschaffen, aber er lässt sich bändigen. Wir können die Nebensächlichkeiten dressieren und in den Griff bekommen.

Mit der Entschlossenheit eines Drachentöters

Sie brauchen eine gewisse Tapferkeit. Die Entschlossenheit eines Drachentöters wäre nicht schlecht, denn der gewöhnliche Alltagskram ist zudringlich. Er quengelt und will ständig Ihre Aufmerksamkeit. Manchmal säuselt er auch mit verführerischer Stimme: »Wenn du mich erledigt hast, wird dein Leben schön.« Glauben Sie das nicht. Kleinkram wächst nach. Wenn Sie einen Berg hinter sich gebracht haben, stehen Sie vor dem nächsten. Besser ist es, Sie entwickeln einen klaren Adlerblick. Schauen Sie genauer hin und fragen Sie sich:

- Wo kommen diese Aufgaben und Arbeiten eigentlich her?
- Wieso landet das alles bei mir?

Wenn Sie darauf eine Antwort wissen, sind Sie einen gewaltigen Schritt weitergekommen. Jetzt können Sie sich daran machen, Ihren Kleinkram zu bändigen.

Aufgrund meiner Untersuchungen kann ich Ihnen hier die wirksamsten Bändigungsmethoden präsentieren. Damit bekommen Sie den gewöhnlichen Alltagskram in den Griff.

So bändigen Sie den Kleinkram

- **Bürden Sie sich nicht zu viel auf:** Der Kleinkram wächst dort, wo Sie Verpflichtungen eingehen: Kinder, Beruf, Ehepartner, Pflege der Mutter, Haus mit Garten, Vorsitzende im Sportverein und im Elternbeirat, Wohnwagen mit Dauercampingplatz. Wer auf vielen Hochzeiten tanzt, hat auch viel zu erledigen. Trennen Sie das Wichtige vom Unwichtigen. Überprüfen Sie alle Verpflichtungen, die Sie eingegangen sind, ob Sie weiterhin dazu bereit sind. Wenn nein, dann weg damit. Und bei jeder neuen Verpflichtung, die Sie eingehen, denken Sie daran, dass Sie sich damit einen Sack voller Kleinigkeiten einhandeln.
- **Kleinkram mit links erledigen:** Die meisten Kleinigkeiten können mit wenig Energie erledigt werden. Also machen Sie sie nicht zu Ihrem Lebenswerk. Es reicht, wenn Sie hoppla-hopp die Sache hinbekommen. Sparen Sie sich Ihre Gründlichkeit für die wichtigen Dinge des Lebens. Alles Unwichtige wird mit dem kleinen Finger erledigt.

- **Aussortieren und wegwerfen:** Wer viel Zeug hat, ist arm dran. Verstopfte Schubladen und Regale, vollgestellte Küchenschränke, zugemüllter Keller oder Dachboden – zuerst geht die Übersicht verloren, dann wächst die Zeit zum Suchen. Wenn sich das Bedeutungslose in den Ecken Ihres Alltags festsetzt, hilft nur eins: wegwerfen! Alles, was Sie zwölf Monate lang nicht in der Hand hatten, ist ein Kandidat für die Mülltonne (Altpapiersammlung, Kleidersammlung etc.).
- **Arbeiten bündeln:** Ersparen Sie sich unnötige Laufereien und fassen Sie ähnliche Aufgaben zu einem Paket zusammen. Briefmarken kaufen, Päckchen zur Post bringen, Girokonto bei der Bank eröffnen, Nachschlüssel für den Briefkasten machen lassen – das lässt sich alles in einem Rutsch erledigen. Einmal planen, alles Nötige bereitlegen und zusammen abhaken.
- **Nur Pflegeleichtes anschaffen:** Achten Sie bei Neuanschaffungen darauf, dass Sie sich damit keinen neuen Kleinkram einhandeln. So manches wunderschöne Stück oder Supersonderangebot entpuppt sich zu Hause als Belastung. Zum Beispiel Kleidungsstücke, die nur gereinigt werden können. Die ziehen Flecken magisch an und kaum verschmutzt, fängt die Lauferei mit der Reinigung an. Oder die Sachen bleiben dreckig und verstopfen nutzlos Ihren Kleiderschrank. Seien Sie auch besonders kritisch bei (günstigen) Gebrauchtwagen, die oft in die Werkstatt müssen. Oder bei Möbeln, die noch mehr Pflege brauchen als ein Haustier. Vermeiden Sie Zierrat und anderen Klimbim, der Sie ständig erinnert, dass es Staub gibt.

Den alltäglichen Kleinkram bändigen

Werden Sie nicht perfekt, sondern wesentlich

Ich bin bei meinen Expeditionen ins Reich der Lappalien auch darauf gestoßen, dass bestimmte Charaktereigenschaften den Kleinkram fördern. Beispielsweise wenn jemand leicht perfektionistisch veranlagt ist. Also jemand, der sehr penibel ist und alles ohne Fehl und Tadel erledigen will. Solche Eigenschaften sind normalerweise kein Problem. Aber wenn es um Kleinkram geht, dann ist Perfektionismus ein enormer Verstärker. Anders gesagt: Wer zum Perfektionismus neigt, ist ein Magnet für Kleinigkeiten. Ja, der Perfektionist entdeckt die Kleinigkeiten erst. Er oder sie merkt, dass das Bild an der Wand ein wenig schief hängt. Das fällt sonst niemandem auf. Und wenn doch, dann können viele Nichtperfektionisten über diesen kleinen Schönheitsfehler hinwegsehen. Nicht so der Perfektionist. Das Unvollkommene springt ihm regelrecht ins Auge und er neigt dazu, sich daran festzubeißen. Also wird das Bild gerade gerückt. Und dabei stellt unser Perfektionist fest, dass sich oben auf dem Bilderrahmen eine dünne Staubschicht gebildet hat. Und er denkt sich: Eigentlich kann man die auch gleich abwischen. Und wenn sich auf diesem Bilderrahmen Staub angesammelt hat, ist der Bilderrahmen dort drüben auch eingestaubt. Wenn man schon das Wischtuch in der Hand hat, kann man doch gleich alle Rahmen abwischen. Und beim näheren Hinsehen fällt auf, dass die Stehlampe auch staubig ist und so weiter. Eine Kleinigkeit führt zur nächsten und dann gleich weiter zur übernächsten. Die Stärke der Perfektionisten liegt im Detail, im sorgfältigen Bearbeiten jeder Einzelheit. Aber genau das kann zu einem Fluch werden, denn damit verlieren sich Perfektionisten in Nebensächlichkeiten. Wenn das passiert, gibt es nicht nur viel zu tun, das Tun findet auch kein Ende.

Stoppen Sie den Perfektionismus und machen Sie Kleinkram nicht zu Ihrem Lebenswerk. Erledigen Sie Nebensächlichkeiten mit links.

Um mit dem Kleinkram besser fertig zu werden, brauchen gerade Perfektionisten einen klaren Blick fürs Wesentliche. Sorgfalt und Genauigkeit gehören zum Wesentlichen. Es reicht, wenn wir das Unwichtige großzügig behandeln. Dazu gehört auch, dass wir einiges bewusst übersehen und anderes nur oberflächlich bearbeiten.

Der ultimative Kleinkram-Bändigungs-Tipp

Zum Schluss habe ich noch einen sehr wirksamen Tipp, wie Sie Ihren Kleinkram noch müheloser bändigen können. Ändern Sie die Reihenfolge Ihrer Aufgaben. Der Kleinkram gehört an den Schluss, nie an den Anfang. Wenn Sie immer *erst* den Kleinkram wegschaffen, um *anschließend* die wichtigen Dinge anzupacken, bleiben Ihre Wichtigkeiten sehr oft auf der Strecke. Ein Beispiel: Die Fenster müssen geputzt werden und Sie wollen für eine Prüfung lernen. Die falsche Reihenfolge wäre, erst die Fenster zu putzen, anschließend für die Prüfung zu lernen. Damit geben Sie dem Kleinkram (Fenster putzen) viel zu viel von Ihrer besten Energie und Ihrer Zeit. Und die Sache, durch die Sie wirklich vorankommen (die Prüfung), erhält nur Ihre übrig gebliebene Energie. Umgekehrt ist es leichter: Zuerst das, was für Ihr Leben entscheidend ist, dann die Nebensächlichkeiten.

Seit ich Bücher schreibe, habe ich mir angewöhnt, den Tag mit Schreiben zu beginnen. Erst zwei bis drei Stunden am Manuskript arbeiten, anschließend kommt das, was sonst noch auf mich wartet. Egal, wie viele Kleinigkeiten später auf mich einstürmen, das Wichtige habe ich bereits erledigt. Früher, bevor ich nach dieser simplen Reihenfolge gearbeitet habe, konnten mich Kleinigkeiten tagelang belagern. Ich dachte, dass ich erst »reinen Tisch« machen müsste, um damit Platz fürs Schreiben zu schaffen. Und so habe ich mich gleich morgens um die kaputte Waschmaschine geküm-

So kommen Sie leichter voran: Erst das Wichtige erledigen und dann den Kleinkram wegschaffen.

mert, die Post gelesen und beantwortet, eine Honorarrechnung geschrieben usw. Am späten Nachmittag hatte ich alles erledigt und wollte endlich mit dem Schreiben anfangen. Ich war ein wenig matt und brauchte zuerst einen Tee. Und als ich dann so gegen 18 Uhr wirklich losschreiben wollte, fielen mir nur zwei Sätze ein. Meine Kreativität und Energie waren für diesen Tag bereits verbraucht. Hätte ich so weitergemacht, wäre das erste Buch nach etwa zehn Jahren fertig geworden. Zum Glück habe ich entdeckt, dass sich kaputte Waschmaschinen und andere Routinearbeiten mit wenig Energie erledigen lassen. Sie brauchen nicht unser Bestes. Das Wichtige braucht unsere beste Tageszeit und unsere volle Energie. Der Kleinkram gehört an den Rand.

Jeder Mensch hat das Recht,
den anderen wissen zu lassen,
dass sein Handeln unannehmbar ist.

Susann Forward

Wie Sie die Energieräuber loswerden

Kennen Sie die Steigerung von Kleinkram? Etwas, das Ihnen den Alltag noch mehr vermiesen kann? Das sind die Energieräuber. Damit meine ich Menschen und bestimmte Situationen, die Ihnen den letzten Nerv rauben. Wenn Sie es mit Energieräubern zu tun haben, wird Ihnen Ihre Kraft abgezapft. Um mühelos zu arbeiten und zu leben, ist es wichtig, dass Sie Ihre Energieräuber erkennen und in den Griff bekommen. Denn je mehr sich davon in Ihrem Alltag breit gemacht haben, desto anstrengender ist Ihr Leben. Deshalb lohnt sich die Suche nach allem, was Sie beißt und aussaugt. Das können Menschen sein, mit denen Sie eine anstrengende Beziehung haben. Aber auch Arbeitssituationen, bei denen Sie sich zu sehr aufreiben. Ich habe Ihnen hier einen Steckbrief zusammengestellt, der es Ihnen erleichtert, Ihre Energieräuber zu erkennen.

Je mehr Energieräuber sich in Ihrem Alltag tummeln, desto anstrengender ist Ihr Leben.

Daran erkennen Sie einen Energieräuber

- **Sie grübeln viel** über eine Sache oder eine Person, aber ohne eine Verbesserung oder eine Lösung zu finden. Viel denken, aber keine Veränderung – das laugt aus.
- **Sie investieren viel Zeit,** ohne dass es sichtbare Fortschritte gibt oder ohne, dass Sie etwas davon haben. So vergeuden Sie viel Zeit, die Ihnen woanders fehlt.
- **Sie sind durcheinander, ärgerlich oder deprimiert.** Energieräuber drücken die Stimmung und produzieren sehr häufig ein emotionales Drama. Viel Wind, aber es geht nicht voran.
- **Und alles wiederholt sich.** Keine Ergebnisse und kein Ende in Sicht. Das Karussell dreht sich und Sie kommen nirgendwo an.

In meinen Seminaren erzählen mir die Teilnehmer von den unterschiedlichsten Energieräubern. So verschieden sie auch sind, es gibt einige, die werden immer wieder genannt. Sie stehen ganz oben auf der Hitliste. Vier von diesen Evergreens möchte ich Ihnen hier präsentieren. Energieräuber, die echte Klassiker sind. Sie kommen so häufig vor, dass jeder von ihnen eigentlich ein eigenes Buch verdient. Hier werden sie nur kurz umrissen, anhand von Beispielen, die meine Seminarteilnehmer berichteten.

Die häufigsten Energieräuber

- **Die Gerüchteküche**
  »Ein echter Energiefresser ist unsere Gerüchteküche. Dort, wo ich arbeite, wird getratscht, was das Zeug hält. Wer mit wem eine Affäre hat, wer sich beim Chef einschmeichelt, wer wen nicht leiden kann – das alles wird über den Flurfunk verbreitet. Natürlich ist vieles davon nicht wahr oder einfach nur maßlos übertrieben. Aber diese Gerüchte haben eine ziemlich große Macht. Zwei Leute sind schon aufgrund von bösen Unterstellungen weggeekelt worden. Deshalb achtet jeder darauf, was über ihn selbst getratscht wird. Die Pausen sind bei uns Tratschzeit und da muss man mehr aufpassen, als bei der Arbeit.«
- **Das Meeting mit Angebern**
  »Wirklich viel Kraft kosten mich die Meetings in der Firma. Da haben unsere Angeber und Wichtigtuer ihren großen Auftritt. Jeder zeigt, was für ein toller Bursche er ist. Das nervt unheimlich, weil dabei die eigentlichen Sachfragen zu kurz kommen. Neunzig Prozent Show und nur zehn Prozent konkrete Ergebnisse. In der Zeit, die das Meeting dauert, könnte ich wirklich etwas Besseres erledigen.«
- **Eilt!**
  »Ich arbeite sehr strukturiert und nach einem Zeitplan, den ich auch normalerweise gut einhalten kann. Was mich allerdings total ärgert, sind die Sachen, die mir als eilig in letzter Minute auf den Tisch geworfen werden. Ich bin flexibel und pack auch zu, wenn es mal brennt. Aber diese Arbeiten mit dem Vermerk ›sofort erledigen‹ lagen meistens schon tagelang bei jemand anderem auf dem Schreibtisch. Der hat das verbummelt und ich muss nun meine Arbeit liegen lassen, um den Karren

aus dem Dreck zu ziehen. Aber am allermeisten rege ich mich darüber auf, wenn das Wort ›eilig‹ überhaupt nicht stimmt. Wenn jemand einfach nur Druck machen will. Diese Dringlichkeitsmasche nervt mich wahnsinnig.«

- **Kummerkasten für andere**
  »Ein echter Energieräuber sind Problemanrufe spät am Abend. Offenbar sehen viele in mir eine Kummerkastentante. Meine Schwiegermutter klagt mir jeden zweiten Abend ihr Leid am Telefon. Sie ist häufig krank und fühlt sich auch einsam. Sie redet fast nur über ihre Schmerzen und darüber, dass sich niemand um sie kümmert. Meine Freundin, die gerade ihre Scheidung durchmacht, ruft mich gern an, wenn es ihr schlecht geht. Auch da höre ich nur deprimierende Sachen. Meine Nachbarin ruft nicht an, sondern kommt gleich persönlich vorbei. Und alle erzählen mir stundenlang von ihren Problemen. Diese Geschichten ziehen mich ganz schön runter. Manchmal komme ich mir vor wie ein Müllabladeplatz. Bei mir kippen andere ihren Seelenmüll aus.«

Kommen Ihnen die Beispiele bekannt vor oder sehen Ihre Energieräuber ganz anders aus? In welchen Situationen fühlen Sie sich erschöpft oder verärgert?

Ein Energieräuber mag zunächst so aussehen, als wäre er nur eine lästige Kleinigkeit. Aber im Alltag der meisten Menschen tummeln sich gleich mehrere von der Sorte. Da kommt einiges an Zeit- und Kraftverschwendung zusammen. Deshalb lohnt es sich, auch kleine Quälereien abzuschaffen. Seien Sie an dieser Stelle ruhig ein bisschen pingelig, denn Sie haben ein komfortables Leben verdient. Sie müssen sich nicht von irgendwelchen Plagegeistern auffressen lassen.

Der erste Schritt, mit dem Sie Ihre Energie zurückgewinnen, ist zugleich der wichtigste: den Energieräuber als solchen klar erkennen. Und jetzt können Sie das, was Sie nervt, beenden.

Energieräuber: Menschen und Situationen, die uns Zeit und Kraft stehlen

Selbstsicher und entschlossen auftreten

Um einen Energieräuber zu stoppen, brauchen Sie eine gewisse Entschlossenheit. Denn sehr häufig sind es vertraute Menschen, die uns quälen. Und es ist nicht leicht etwas zu beenden, was Sie vielleicht schon eine Zeit lang einfach hingenommen haben. Denken Sie an die Tratscherei im Kollegenkreis oder an die Schwiegermutter, die ständig anruft und ihr Leid klagt. Im Laufe der Zeit kann daraus eine Gewohnheit werden. Die Beteiligten gehen ganz selbstverständlich davon aus, dass das immer so weitergeht. Um das jetzt zu beenden, brauchen Sie eine selbstsichere innere Haltung. Sie brechen mit der Gewohnheit und das wird Ihre Mitmenschen zunächst irritieren, vielleicht sogar ärgern. Wenn Sie sich nicht mehr anzapfen lassen, könnte es ein wenig dicke Luft geben. Stellen Sie sich darauf ein.

Sie haben ein komfortables Leben verdient. Stoppen Sie die Energieräuber und holen Sie sich Ihre Kraft zurück.

Aber Sie müssen sich nicht unbedingt mit den anderen streiten. Oft reicht es, wenn Sie in einem ruhigen Gespräch kurz erklären, was Sie verändern möchten. Drücken Sie sich dabei möglichst klar und einfach aus. Ich habe hier einen kleinen Leitfaden für Sie, mit dem Sie ein solches Gespräch führen können. Er besteht nur aus drei Schritten.

Energieräuber stoppen

- **1. Eine klare Entscheidung treffen.**
Bevor Sie das Gespräch führen, kommen Sie mit sich ins Reine. Entscheiden Sie, was Sie beenden oder verändern wollen.
- **2. Drücken Sie Ihren Wunsch deutlich aus.**
Sie teilen Ihrem Gegenüber mit, was Sie nicht mehr wollen, worauf Sie sich nicht mehr einlassen. Es ist für den anderen leichter, wenn Sie Ihren Wunsch als Bitte formulieren. Begründen Sie Ihren Wunsch, aber nur kurz. Keine langen Rechtfertigungen. Wenn Ihre Bitte nicht ernst genommen wird, dann wiederholen Sie sie, dieses

Mal noch nachdrücklicher. Aber vermeiden Sie dabei Vorwürfe und Du-bist-schuld-Sätze. Das würde nur zu einem Streit führen, der Sie wiederum Kraft und Zeit kostet.

- **3. Dem Energieräuber keine Energie mehr geben.**
Wenn Sie das Gespräch geführt haben, dann bleiben Sie konsequent. Praktisch heißt das, immer wenn der Energieräuber versucht, Sie wieder anzuzapfen, sagen Sie »nein«. Sie grenzen sich ab, klappen die Ohren zu oder gehen weg. Sie entziehen dem, was Sie nicht wollen, Ihre Aufmerksamkeit.

Energieräuber entschlossen stoppen

Tatsachen schaffen, statt lange Debatten führen

Als Kommunikationstrainerin bin ich eine große Freundin des Gespräches. Vieles von dem, was Sie nervt, können Sie durch gute Kommunikation verändern. Aber es gibt Energieräuber, bei denen nützt das Reden nichts. Da ist es leichter, wenn Sie einfach etwas tun, statt erfolglose Debatten zu führen. Zum Beispiel: Es nervt Sie, dass Ihr 15-jähriger Sohn oder Ihre Tochter jeden Tag zwischen 17 und 22 Uhr das Telefon blockiert. Klar, Sie verstehen, dass Ihr pubertierender Sprössling mit den Freunden enorm wichtige Dinge besprechen muss, auch wenn es dabei nur selten um die Hausaufgaben geht. Aber Sie wollen auch zwischen 17 und 22 Uhr zur Welt Kontakt haben. Mit dem Sohn oder der Tochter darüber reden, ist oft der erste Schritt. Allerdings merken manche Eltern, wie wenig sie mit Gesprächen erreichen. »Meine Tochter stellt einfach auf Durchzug. Was ich sage, geht bei ihr zum einen Ohr rein und zum anderen wieder raus«, sagte eine Mutter dazu. »Bei meiner Tochter helfen nur konkrete Maßnahmen. Erst wenn ich Tatsachen schaffe, verhandelt sie mit mir.« Wenn Reden nichts nützt, überlegen Sie, ob Sie etwas Konkretes tun können, um damit Tatsachen zu schaffen. Vielleicht lässt sich dieser Energieräuber stoppen, wenn die Tochter oder der Sohn einen eigenen Telefonanschluss bekommt, der vom Taschengeld bezahlt wird.

Drei Wege, um mit Energieräubern fertig zu werden:

1. **durch ein Gespräch stoppen,**
2. **Dinge ändern, neue Tatsachen schaffen,**
3. **ignorieren und sich nicht ärgern.**

Andere Energieräuber können Sie weder durch Gespräche noch durch konkrete Taten ausschalten. Sie können sie nur hinnehmen und das Beste daraus machen. Sie gehören in die Kategorie »mit heiterer Gelassenheit ertragen«. Mit dem Auto im Stau stecken ist so ein Energieräuber, der Sie nur dann anzapfen kann, wenn Sie sich darüber aufregen. Also nehmen Sie das, was Sie im Moment nicht ändern können, auf die leichte Schulter. Legen Sie die Sprachkassette ein und lernen Sie eine weitere Lektion Spanisch. Laut und deutlich mitsprechen – das geht bestens im Auto.

Ich habe hier ein paar kreative Anregungen für Sie, wie Sie die Klassiker unter den Energieräubern dingfest machen können.

Verschwenden Sie keine Energie mehr ...

- **... an Tratsch- und Gerüchteküche.** Überhören Sie den Flurfunk. Keine Beteiligung mehr an: »Ich habe gehört, der Meier soll angeblich dem Schmidt gesagt haben, dass die Kleine aus der Buchhaltung ...« Oh, bitte aufhören!
  Müheloses Stoppen: Weghören. Pfeifen Sie »Alle meine Entchen« vor sich hin. Selbst Ihr schlechtestes Pfeifen klingt immer noch besser als die Tratsch- und Klatschgeschichten.

- **... an Wichtigtuer und Angeber.** Nein, Sie ändern diese Leute nicht. Es gibt sie überall und sie wachsen ständig nach.
  Müheloses Stoppen: Wenn in Sitzungen oder Meetings viel gelabert wird, ist es sinnvoll, die Redezeit pro Beitrag

auf zwei oder drei Minuten zu begrenzen. Und die Ergebnisse sofort sichtbar notieren. Das zwingt alle dazu, bei der Sache zu bleiben. Ansonsten gilt: Nicht ärgern, sondern sich einfach nicht drum kümmern. Keine Aufmerksamkeit – das ist sowieso die härteste Strafe für alle, die nach Beachtung schreien.

- **... an Antreiber und Hektiker.** Hausgemachter Zeitdruck und alles ist dringend. Machen Sie Schluss mit dem Termindrama. Wehren Sie sich gegen die Tyrannei des Eiligen.
  Müheloses Stoppen: Lassen Sie sich nicht in die Hektik verwickeln und legen Sie sich ein dickes Fell zu. Guter Satz zum Ruhe bewahren: »Das ist ganz eilig? Dann haben Sie ein interessantes Problem. Ich bin sicher, Sie werden Ihr Problem lösen« und dann ruhig weiterarbeiten.
- **... an endlose Problem- und Elendsgeschichten.** Es gibt zweifellos viele Menschen, die Probleme haben, aber Sie sind nicht rund um die Uhr dafür zuständig. Entweder Sie nehmen ein anständiges Beraterhonorar oder Sie verkürzen Ihr Zuhören auf ein erträgliches Maß.
  Müheloses Stoppen: Zuhörzeiten festlegen. »Nein, das passt mir jetzt nicht. Ruf mich morgen wieder an.« Oder: »Ich kann dir nur zehn Minuten lang zuhören.« Und auch mal was von den eigenen Problemen erzählen, statt immer nur für andere stark sein.

Der Ausstieg aus zu eng gewordenen Schuhen

Wenn in einem Lebensbereich – beruflich oder privat – immer wieder Energieräuber auftauchen, kann das ein Zeichen dafür sein, dass hier etwas grundsätzlich nicht stimmt. Vielleicht ist die gesamte Situation zu einem einzigen Energiefresser geworden. Das passiert manchmal, wenn Jobs, Wohnungen oder Beziehungen nicht mehr zu uns passen. Wir haben uns weiterentwickelt. Wir sind reifer, klüger oder einfach nur anders geworden. Die alten Verhältnisse werden erdrückend, wie ein Paar Schuhe, die zu eng geworden sind. Immer wieder gibt es Reibereien und kaum haben wir eine beendet, taucht eine neue auf. Die zahlreichen Energieräuber zeigen nur, dass wir hier nicht mehr am richtigen Platz sind. Es ist Zeit, sich zu verabschieden. Hier gilt: Die Zeichen der Zeit rechtzeitig erkennen, die alten Schuhe ausziehen und sich ein Paar neue gönnen.

Manchmal wird eine ganze Lebenssituation zu einem einzigen Energieräuber. Dann ist es Zeit, etwas grundsätzlich zu ändern.

Die größte Herausforderung, die die Menschheit an der Wende des 20. zum 21. Jahrhundert zu bestehen hat, ist wohl das Zuviel: zu viel Arbeit, zu viel Stress, zu viel Ablenkung, zu viel Lärm – es ist einfach viel zu viel, das fortwährend unsere Aufmerksamkeit verlangt.

David Kundtz

Raus aus der Überlastung

Wer wirklich tüchtig ist, hat in dieser Welt ein interessantes Problem. Die Tüchtigen haben verdammt viel zu tun. Sie sind irgendwie immer beschäftigt und das ist ein wenig seltsam. Eigentlich müssten die Tüchtigen doch diejenigen sein, die viel freie Zeit haben, eben weil sie so fleißig sind und die Arbeiten schnell erledigen. Aber die Wirklichkeit sieht anders aus. Für alle, die gut zupacken können, sind unerledigte Arbeiten wie ein nachwachsender Rohstoff. Kaum ist etwas fertig, schwupp, schon sind zwei neue Aufgaben da. Natürlich haben alle Tüchtigen die Hoffnung, dass sie irgendwann ein schönes, bequemes Leben haben – wenn alles erledigt ist. Aber ihre Aufgabenliste wird nie ganz leer.

Erst alles erledigen und sich anschließend ein schönes Leben machen – das funktioniert nicht. Machen Sie sich ein schönes Leben, *während* Sie noch etwas zu erledigen haben.

Schauen wir den Tatsachen nüchtern ins Gesicht: Erst alles erledigen und sich dann ein schönes Leben machen – das funktioniert nicht. Das liegt an dem Erst-alles-Erledigen. Wenn Sie ein schönes Leben haben wollen, bleibt Ihnen nur eines: Sie machen sich Ihr Leben schön, *während* Sie noch etwas zu erledigen haben. Ich weiß, für viele tüchtige Menschen ist das ein ungewöhnlicher Gedanke. Schließlich sind sie mit einer anderen Reihenfolge groß geworden: erst die Arbeit und dann das Vergnügen. Solche Erziehungsbotschaften sitzen tief in unserer Seele. Sie lassen sich nicht so leicht abschütteln. Es sei denn, man gerät in eine Krise, wie beispielsweise bei einer lebensbedrohlichen Krankheit. In solchen Situationen ändern Menschen häufig ihre grundsätzlichsten Einstellungen. Ich denke da an die Männer und Frauen, die nach einem Herzinfarkt ihr bisheriges Leben kritisch unter die Lupe nehmen. Viele stellen fest, dass sie sich bisher für die Firma, für die Karriere, für die Familie aufgeopfert haben. Sie haben alles getan, um andere zufrieden zu stellen und irgendwann ein ruhiges, sicheres Leben führen zu können. Irgendwann später wollten sie kürzer treten – nach der nächsten Karrierestufe, nach dem nächsten Einkommenssprung. »Nur noch das schaffen und dann wird alles leichter«, so war ihr Plan. Der Herzinfarkt hat ihnen einen Schock versetzt. Ihnen ist ihre eigene Sterblichkeit ins Gesicht gesprungen. Und jetzt stellen manche traurig fest, dass ihre Prioritäten falsch waren. Das gute Leben, das irgendwann kommen sollte, dieses gute Leben hätten sie gleich haben können. Es stand unbemerkt die ganze Zeit neben ihnen, während sie sich tüchtig abmühten. Ein 52-jähriger Mann, der einen Herzinfarkt hinter sich hatte, sagte einmal zu mir: »Es ist bitter, wenn man feststellt, dass man sich getäuscht hat. Erst die Arbeit, dann das

Zu Lebzeiten wirklich zu leben, ist eine gute Idee.

Vergnügen – das ist Betrug. Vergnügen lässt sich nicht aufsparen.« Zu Lebzeiten wirklich zu leben, ist eine gute Idee.

Wie kommt die Arbeit zu Ihnen?

Wenn Sie auch zu den Leuten gehören, bei denen viel Arbeit landet, dann lassen Sie uns einen Blick auf diesen erstaunlichen Vorgang werfen. Haben Sie je darüber nachgedacht, wie die Arbeit zu Ihnen findet? Wie kommt es, dass Sie so viel zu tun haben?

Nach meinen Erfahrungen als Kommunikationstrainerin und Coach fällt es den meisten Menschen schwer, sich selbst in die Karten zu schauen. Aber bei anderen Leuten merken sie sehr schnell, wie der Hase läuft. Deshalb kann das Beispiel von anderen ein nützlicher Spiegel sein. Wenn uns auffällt, was bei denen schief läuft, können wir uns an die eigene Nase fassen. So ein Beispiel zum An-die-eigene-Nase-Fassen kommt jetzt. Es ist das Beispiel von Anne. Sie ist verheiratet, hat einen Sohn und arbeitet mit ihrem Mann in der gemeinsamen Werbeagentur. Und Anne ist tüchtig. Ich habe sie deshalb ausgesucht, weil Anne gern von sich sagt: »Ich bin Mutter und arbeite halbe Tage.« Das klingt doch lässig. Ganz so, als hätte Anne ein beschauliches Leben. Aber das ist glatt tiefgestapelt. Hinter »Mutter und halbe Tage arbeiten« verbirgt sich jemand, der völlig überlastet ist. Achten Sie einmal darauf, wie Annes Überlastung jeden Tag aufs Neue entsteht.

Wer überlastet ist, sieht auf jeder Arbeit die Worte: »Dafür bist du zuständig«.

Wer es zuerst sieht, ist dran

Anne leitet zusammen mit ihrem Mann seit drei Jahren eine kleine, aber durchaus erfolgreiche Werbeagentur. Beide haben einen fünfjährigen Sohn, der in den Kindergarten geht. Bis zum frühen Nachmittag arbeitet Anne in der Agentur. Danach ist sie für ihren Sohn und den Haushalt zuständig.

Anne arbeitet reibungslos und mit einer großen Selbstverständlichkeit. Sie sieht sofort, was erledigt werden muss, krempelt die Ärmel hoch und legt los. Sie versucht jeden Tag, so viel wie möglich unter einen Hut zu bringen. Zum Beispiel hat in der Agentur niemand Zeit, einen Auftrag zur Druckerei zu bringen. Bevor die Sache lange liegen bleibt, übernimmt Anne das. Sie fährt bei der Druckerei vorbei, wenn sie ihren Sohn vom Kindergarten abholt. Im Kindergarten wird gerade das Sommerfest vorbereitet und die Eltern sollen sich daran beteiligen. Eine Erzieherin bittet Anne, ob sie nicht wieder den leckeren Apfelkuchen backen könnte, den sie schon im Jahr zuvor gemacht hat. Anne druckst ein wenig herum, lässt sich aber breitschlagen. Sie überlegt, wann sie den Kuchen backen könnte. Eigentlich hat sie keine Zeit dafür. Wenn überhaupt, dann nur spät abends, wenn der Kleine schon schläft.

Zwei Sätze, die ein Überlasteter nie sagen würde: »Kann das nicht ein anderer erledigen?« – »Ich brauche Hilfe.«

Die Hausarbeit funktioniert nach dem Prinzip »Wer es zuerst sieht, ist dran«. Anne sieht, dass zwei Knöpfe an der Jacke ihres Sohnes fehlen. Sie sieht die ungebügelten

Hemden, den Berg schmutziger Wäsche und sie merkt, dass die Milch nicht mehr lange reicht. Sie sieht, dass ihr Sohn einen Termin beim Kinderarzt hat und dass das Auto mal wieder durch die Waschanlage muss. Und sie ist dran. Immer. Ihr Mann sieht nicht viel vom Haushalt. Er verlässt frühmorgens die Wohnung und kommt spätabends wieder. Manchmal fährt er auch noch am Samstag in die Werbeagentur. Das Geschäft läuft. Er hat ein paar große Aufträge an Land gezogen, die ihn allerdings vollkommen in Anspruch nehmen.

Wer sich zu viel Arbeit auflädt, ignoriert meistens die Warnsignale seines Körpers.

Seit einiger Zeit hat Anne manchmal ein Pfeifen im Ohr. Tinnitus, nannte das der Arzt. Und er fragte Anne, ob sie unter Stress stehen würde. »Wer hat heutzutage keinen Stress?«, antwortete sie ihm. Nein, im Moment könne sie nicht kürzer treten – da wäre noch so viel zu tun.

Etwas anderes beunruhigt Anne wirklich. Sie und ihr Mann wollen sich endlich ein Haus bauen. Die Wohnung ist schon lange zu klein. Das Haus wollen sie nach ihren eigenen Vorstellungen entwerfen. Der Sohn soll ein großes Kinderzimmer bekommen und ihr Mann braucht ein Büro zu Hause. Mit Sorge sieht Anne der Bauzeit entgegen: »Wer wird denn über die Baustelle stapfen und nach dem Rechten sehen? Das bleibt an mir hängen. Mein Mann hat in der Agentur genug zu tun. Und einer von uns muss auf der Baustelle sein, sonst ist die Gefahr zu groß,

Die große Selbsttäuschung der Überlasteten lautet: »Wenn ich das geschafft habe, wird alles besser.«

dass was schief läuft, was man später nicht mehr korrigieren kann. Also werde ich das auch noch übernehmen. Keine Ahnung, wie ich das alles schaffen soll. Ich sage immer zu mir, Augen zu und durch. Etwas anders bleibt mir nicht übrig. Irgendwann ist das vorbei. Dann wohnen wir in einem schönen Haus und ich komme endlich mal zur Ruhe.«

Glauben Sie tatsächlich, dass Anne eine ruhige Kugel schieben wird, wenn das Haus erst steht? Ich bin da skeptisch. Viel wahrscheinlicher ist, dass Anne auch weiterhin mehr als genug zu tun bekommt. Wenn das Haus fertig ist, wird die Terrasse gepflastert und der Garten angelegt. Anschließend kommt eine Sauna in den Keller und der Dachboden wird ausgebaut. Dann kommt der Sohn in die Schule, die Werbeagentur vergrößert sich und Anne wird dort noch mehr gebraucht. Also wann sollen die ruhigen Zeiten kommen? Solange Anne so weitermacht wie bisher, wird sie auch weiterhin überlastet sein.

Die Reibungslosigkeit aufkündigen

Vielleicht denken Sie, das wäre ein typisches Frauenproblem. Stimmt, diese Mischung aus Kind und Job ist für Millionen Frauen der ganz gewöhnliche Alltag. Aber Überlastetsein ist nicht nur Frauensache. Ich hätte den Alltag auch aus der Sicht von Annes Mann erzählen können. Auch er steckt bis zum Hals in der Arbeit. Seine Aufgaben sind nur etwas einseitiger. Kein Kuchen backen, kein Termin beim Kinderarzt. Dafür aber bis spätabends mit Kunden verhandeln, am Wochenende schnell die Finanzen durchrechnen, neue Aufträge an Land ziehen, den ganzen Tag das Geschäft im Kopf.

Wieso haben die Tüchtigen immer so viel zu tun und wo kommt die Überlastung her? Sie haben das sicherlich durchschaut. Anne übernimmt eine Verpflichtung nach der anderen. Und dabei *glaubt* sie, keine Wahl zu haben. Vielleicht ist es Ihnen aufgefallen, dass dabei nicht viel geredet wird. Die anstehenden Aufgaben werden einfach erledigt. Keine Verhandlungen, keine Diskussionen.

»Bevor ich lange rede, habe ich das drei Mal selbst erledigt.« Wer aus der Überlastung aussteigen will, kommt nicht daran vorbei, diese Reibungslosigkeit aufzukündigen. Wieder mehr reden, statt automatisch alles zu übernehmen.

Überlastung hat etwas mit dem automatischen Funktionieren zu tun. Daher kommt auch der Lieblingssatz aller Überlasteten: »Bevor ich lange herumrede, habe ich das schon drei Mal selbst erledigt.« Da wird nichts gesagt, sondern zugepackt. Immer wieder. Das hat zur Folge, dass Kollegen, Vorgesetzte, Familienmitglieder diese andauernde Überlastung nicht richtig mitbekommen. Wie denn auch? Die Arbeit wird gemacht und es scheint alles reibungslos zu laufen.

Wer aus der Überlastung aussteigen will, kommt nicht daran vorbei, diese Reibungslosigkeit aufzukündigen. Wieder mehr reden, Verhandlungen führen, statt automatisch alles selbst zu übernehmen. Das geht leichter, wenn wir neu darüber nachdenken, was *wirklich* wichtig ist in unserem Leben. Gehört die Arbeit an die erste Stelle oder gibt es etwas Wichtigeres?

Gesunder Egoismus

Vielleicht ist Ihnen bei Anne aufgefallen, dass Sie in einem Bereich überhaupt nicht tüchtig ist. Eine Aufgabe übersieht sie glatt. Auf ihrer Zu-erledigen-Liste steht niemals »ich«. Alle werden bedient – nur Anne nicht. Die Bedürfnisse der anderen haben Vorrang, ihre eigenen müssen sich ganz hinten anstellen. Sie sagt zu fast jeder Arbeit »ja«, aber zu sich selbst sagt sie »nein«. Den Überlasteten fehlt nicht ein raffiniertes Zeitmanagement oder eine effizientere Arbeitstechnik. Ihnen fehlt etwas sehr Einfaches: Egoismus. Egoistisch sein, heißt gut für sich selbst zu sorgen. Egoismus ist nicht pfui, sondern notwendig. Wenn ein Vielbeschäftigter erst einmal erkennt, dass er sein Auto mehr pflegt als sich selbst, dann ist das ein Schritt in die richtige Richtung.

Egoismus heißt, gut für sich selbst zu sorgen.

Wer ständig viel zu tun hat, hat die Arbeit in den Mittelpunkt gestellt. Aber damit vernachlässigt er die Quelle aller Leistungen. Und das sind wir selbst. Wir sind der Ursprung, von dem alle Aktivitäten ausgehen. Wenn wir krank werden, geht nichts mehr. Unser Geist und unser Körper sind wie ein Nährboden, aus dem unsere Leistungen entstehen. Jeder Landwirt weiß, dass er für eine gute Ernte auch einen guten Boden braucht. Im ausgetrockneten Sand wächst wenig. Wenn wir uns selbst nicht regelmäßig »düngen« und »bewässern«, gibt es bald eine miserable Ernte. Unsere eigenen Bedürfnisse gehören auf die Zu-erledigen-Liste.

Ihre Bedürfnisse gehören auf die Zu-erledigen-Liste. Und zwar auf Platz eins.

Und zwar auf Platz eins. Auf den Plätzen zwei bis fünfzig ist genug Raum für alles andere.

Wenn Sie auch zu den Überlasteten gehören, fällt es Ihnen wahrscheinlich schwer, Aufgaben und Arbeiten anderen zu überlassen, beispielsweise, indem Sie einfach Nein sagen oder jemanden dafür bezahlen, dass die Arbeit erledigt wird, wie Putzhilfen, Kurierfahrer etc. Sie selbst bekommen zu wenig »Dünger«, zu wenig »Nährstoffe«. Kurzfristig können Sie das durchhalten, aber auf lange Sicht wird sich Ihr ständiges Zu-kurz-Kommen bemerkbar machen. Ihre Leistungsfähigkeit wird sinken. Das Risiko, krank zu werden, steigt.

Machen Sie *ich zuerst* zu Ihrem Arbeitsmotto. Fragen Sie sich jeden Tag: »Was kann ich für mich tun?«

Deshalb ändern Sie die Reihenfolge, in der Sie die Dinge erledigen. Machen Sie **ICH ZUERST** zu Ihrem Arbeitsmotto. Fragen Sie sich jeden Tag: »Was kann ich für mich tun?« Und dann setzen Sie diese Antwort auf die Zu-erledigen-Liste, ganz nach oben.

Mehr zu diesem gesunden Egoismus finden Sie beim Thema »Fit fürs Faulenzen« weiter hinten in diesem Buch. Dort stehen nützliche Tipps für die kleinen Wonnen zwischendurch und wie Sie sich mitten im Alltag erholen können. Aber lassen Sie uns hier noch praktischer werden. Damit Sie das **ICH ZUERST** mühelos im Alltag umsetzen können, habe ich Ihnen hier die besten Tipps gegen das Überlastetsein zusammengestellt.

Setzen Sie sich selbst an die erste Stelle

- **Statt selbst zupacken, die Arbeiten verteilen**
Sie sehen, was zu tun ist und die Arbeit springt Sie an? Dann sind Sie die geborene Führungskraft. Benehmen Sie sich auch so. Kein klammheimliches »Ich mach das schon«. Sie haben den Überblick, also lenken Sie die Sache – ohne sich selbst dabei zu belasten. Verteilen Sie das, was zu tun ist, etwa so: »Folgende Arbeiten stehen an: Erstens ... Zweitens ... Wer übernimmt das? Und wer macht das hier?« Oder Sie sprechen einzelne Leute direkt an: »Ich bin völlig ausgelastet. Kannst du bitte Folgendes erledigen ...«
- **Sitzen bleiben und aushalten können**
Niemand will das tun? Jeder rechnet damit, dass Sie es nicht zur Katastrophe kommen lassen. Alles nur ein Rollenspiel. Wer immer die verantwortliche Rolle übernimmt, hat in Windeseile lauter Leute um sich herum, die keine Verantwortung mehr übernehmen. Trainieren Sie sich hier ein extradickes Fell an. Lernen Sie es auszuhalten, dass Arbeiten liegen bleiben und Dinge den Bach runter gehen. Und Sie springen nicht auf, um den Karren aus dem Dreck zu ziehen. Eine Radikalkur, die sehr wirksam ist.
- **Für jede Verpflichtung, die Sie eingehen, wählen Sie eine andere ab**
Mindestens eine. Bei großen Aufgaben können Sie auch gern zwei bis drei Verpflichtungen abgeben. Zum Beispiel wenn Sie Mutter oder Vater werden, wenn Sie ein Haus bauen, eine Firma gründen oder wenn Sie das Megaprojekt abwickeln – dann ist es Zeit, gründlich auszusortieren und alles abzulehnen, was nicht hundertprozentig wichtig ist.

Das Arbeitsmotto: Ich zuerst.
Setzen Sie sich an die erste Stelle

- **»Bevor ich lange rede, hab ich das doch schon drei Mal erledigt«**
  Diesen Satz streichen Sie bitte ganz. Denn damit überlasten Sie sich. Sagen Sie den anderen, was zu tun ist. Sagen Sie es auch ein zweites und ein drittes Mal, für die ganz Begriffsstutzigen. Und dann kein langes Diskutieren, keine neuen Argumente. Klare Grenzen ziehen und stur bleiben: »Nein, dafür bin ich nicht zuständig.«
- **Lassen Sie unliebsame Arbeiten von anderen erledigen**
  Kaufen Sie sich die nötigen Dienstleistungen. Holen Sie sich Putzhilfen, Gärtner, den Partyservice, Wäschereien

mit Lieferbetrieb usw. Ja, ich weiß, das kostet Geld. Aber wenn Sie schon rechnen, vergessen Sie nicht, dass Sie selbst das Wertvollste in Ihrem Leben sind.

- **Kein Jammern, dass Sie so überlastet sind**
  Wer jammert, will nur Dampf ablassen. Und wer herumjault, ist kurz davor, doch noch »Ja« zu sagen. Einfach klipp und klar beim Nein bleiben. Keine umständlichen Rechtfertigungen. Betteln Sie nicht um Verständnis beim anderen. Andere Leute haben ihre eigenen Interessen im Auge. Das ist ihr gutes Recht. Und wer kümmert sich um Ihre Interessen? Na klar, das können nur Sie. Also: Wie hätten Sie es gern?

Neinsagen leicht gemacht

Vielen Überlasteten fällt es anfangs schwer, ablehnend zu sein. Sie haben wenig Übung darin, Nein zu sagen. Für manche ist das so ungewohnt, dass ihnen die richtigen Worte fehlen. Sie drucksen herum, bringen ihr Nein nur indirekt heraus und werden nicht so richtig verstanden. Neinsagen kommt ihnen wie eine Fremdsprache vor, mit ganz neuen Vokabeln. Aber Vokabeln kann man lernen, und dabei helfe ich gerne.

Wenn Sie das Neinsagen auch neu lernen wollen oder sich einfach nur etwas geschickter ausdrücken möchten, dann kommen hier einige schöne Nein-Sätze. Lassen Sie sich davon inspirieren. Und falls nötig, lernen Sie ruhig den einen oder anderen Satz auswendig.

Mit anderen Worten: Nein!

- »Tja, wenn das niemand erledigen will, dann bleibt es wohl liegen. Schade, aber da kann man nichts machen.«
- »Tut mir Leid, das übernehme ich nicht.«
- »Ich bin schon komplett ausgebucht. Ich habe keinen freien Platz mehr im ganzen Kalender.«
- »Dafür steh ich nicht zur Verfügung.«
- »Nett, dass Sie mich fragen. Und schade, dass ich Ihnen absagen muss. Das geht nicht.«
- »Klar kann ich das schneller und besser als du. Aber wenn du das häufiger tust, lernst du es auch. Du kannst gleich schon mal mit dem Üben anfangen.«
- »Pustekuchen!«

Es ist möglich, dass Sie mit Ihrem Nein nicht nur auf freudige Gesichter und verständnisvolles Kopfnicken stoßen. Einige Ihrer Mitmenschen könnten am Anfang etwas enttäuscht reagieren. Schließlich waren Sie jahrelang jemand, der selbstverständlich zugepackt hat und die anfallenden Arbeiten einfach erledigte. Alle haben sich im Laufe der Zeit daran gewöhnt. Man kalkulierte das einfach mit ein. Und nun stellen Sie sich manchmal quer. Neuerdings muss man mit Ihnen öfter verhandeln. Die Pläne Ihrer Mitmenschen werden jetzt ein wenig durcheinander gebracht. Einigen Leuten wird das nicht gefallen, also stellen Sie sich auf Murren und Knurren ein. Aber letztlich

Auch wenn Ihre Mitmenschen murren und knurren. Trainieren Sie das Sitzenbeiben und Aushaltenkönnen.

ist alles nur eine Sache der Gewohnheit. Bleiben Sie optimistisch und gehen Sie davon aus, dass sich Ihre Mitmenschen an etwas Neues gewöhnen können. Für Sie selbst ist es einfacher, wenn Sie das Ganze als eine Art Trainingsprogramm begreifen. Sie trainieren das Sitzenbleiben und Aushaltenkönnen.

Weniger tun, mehr erreichen

In diesen drei Kapiteln steht:

- wodurch Sie Anstrengung abschaffen und müheloser arbeiten können
- wie Sie sich unangenehme Arbeiten erleichtern
- warum Ihnen der entscheidende Knackpunkt viel Zeit und Mühe ersparen kann
- wie Sie auch im Stress locker bleiben
- wie Sie Arbeitsberge gelassen hinter sich bringen
- woher Sie Ihre gute Laune bekommen

> Ohne Mühe zu leben heißt nicht, dass Sie stagnieren, dass Sie dumpf oder dumm sind; im Gegenteil. Es ist der Weise, der außergewöhnlich Intelligente, der wirklich frei von Mühen und Anstrengung ist.
>
> Jiddu Krishnamurti

Geben Sie sich keine Mühe

Alle cleveren Erfindungen liefen darauf hinaus, Anstrengung zu verringern. Ob nun die Dampfmaschine, der Computer oder der elektrische Küchenherd – immer ging es darum, mit weniger Kraftaufwand noch bessere Ergebnisse zu erzielen. Die Geschichte des menschlichen Fortschritts ist eine Geschichte, in der Mühe Stück für Stück abgeschafft wurde. Umso erstaunlicher ist es, dass Anstrengung besonders in der Arbeitswelt noch bewundert wird. Nach wie vor glauben viele Menschen, dass Anstrengung zum Erfolg führt. Sich abmühen gilt immer noch als ein Zeichen von Ehrgeiz und Leistungsbereitschaft. Machen Sie sich einmal den Spaß und blättern Sie in den üblichen Karrierehandbüchern. Auch dort wird Ihnen empfohlen, hart zu arbeiten, um voranzukommen. Es sieht so aus, als würde man nur dann viel Geld verdienen, wenn man auch viel und lange arbeitet. Aber stimmt das tatsächlich? Verdienen alle Menschen, die sich täglich krumm legen und rund um die Uhr beschäftigt sind, viel Geld? Nein, viele Menschen

Warum wollen Sie sich ausgerechnet *Mühe* geben? Geben Sie sich Leichtigkeit, geben Sie sich Gelassenheit – aber belasten Sie sich nicht mit Mühe.

bleiben arm, obwohl sie sich abrackern. Und schuften alle Einkommensmillionäre bis zum Umfallen? Nein, auch das ist nicht erwiesen. Wenn wir sehr genau hinschauen, entdecken wir, dass Anstrengung einfach nur Anstrengung ist. Sie führt nicht zwangsläufig zum Erfolg und auch nicht zu einem hohen Einkommen.

Nun möchte ich mit diesem Buch nicht verhindern, dass Sie sich weiterhin abmühen. Strengen Sie sich an, wann immer Sie es für richtig und passend halten. Fahren Sie mit dem Fahrrad durch die Alpen, nehmen Sie am Hundeschlittenrennen durch Alaska teil oder veranstalten Sie ganz allein eine Geburtstagsfeier mit zwanzig quirligen Vorschulkindern. Gönnen Sie sich jede Herausforderung, durch die Sie sich lebendig fühlen. Aber hören Sie auf zu glauben, Sie müssten sich anstrengen, um weiterzukommen oder um viel Geld zu verdienen. Denn um erfolgreich zu sein, brauchen Sie keine Anstrengung, sondern Cleverness. Mit Cleverness meine ich diese smarte Intelligenz, die in jedem von uns steckt. Die Intelligenz, durch die die Menschheit bereits viele Mühen abgeschafft hat.

Verzichten Sie auf Fleiß. Setzen Sie dafür lieber auf »Geist«. Arbeiten Sie mit Ihrer schöpferischen Intelligenz.

Sie finden in diesem und in den nächsten beiden Kapiteln einige wichtige Entdeckungen, durch die Sie künftig müheloser arbeiten können. Es sind sehr einfache Prinzipien, die aber dennoch höchst wirksam sind.

Aber zuerst lassen Sie uns die Anstrengung genauer unter die Lupe nehmen. Wodurch entsteht sie überhaupt?

Der Stoff, aus dem die Anstrengung gemacht ist

Jede überflüssige Anstrengung entsteht durch Reibung. Das, was eigentlich wie geschmiert laufen könnte, wird abgebremst. So eine Reibung entsteht, wenn wir zu einer Arbeit gleichzeitig »Ja« und »Nein« sagen. Wir denken: »Ja, ich muss das machen«, und gleichzeitig haben wir die Einstellung: »Nein, das mag ich nicht. Eigentlich habe ich keine Lust dazu.«

Es ist, als würde jemand im Auto bei laufendem Motor die Handbremse anziehen (das Nein) und gleichzeitig aufs Gaspedal drücken (Ja, ich muss das tun). Natürlich kommt das Auto nur schwer in Gang. Und was macht unser unglücklicher Fahrer, wenn das Auto zu langsam fährt? Er gibt noch mehr Gas – bei gleichzeitig angezogener Handbremse.

Wenn Sie sich zwingen, etwas zu tun, was Sie nicht mögen, wird es anstrengend für Sie.

Bei der Arbeit wird das innere Nein mit Gegendruck bekämpft. Man zwingt sich dazu, das zu tun, was man nicht mag. Gas geben bei angezogener Handbremse führt jedoch zu einem geringeren Tempo und hohem Benzinverbrauch. Beim Arbeiten hat das ähnliche Auswirkungen. Wer sich gezwungen fühlt, etwas zu tun, was er nicht mag, kommt nur schwer voran, ist schneller kraftlos und riskiert auf Dauer seine Gesundheit. Das gilt nicht nur für den Beruf, sondern für jede Tätigkeit. Viele Menschen tun auch privat Dinge, die sie nicht wirklich wollen. Sie gehen zu Partys und Veranstaltungen, auf denen sie sich nicht wohl fühlen. Sie übernehmen Verpflichtungen, die ihnen lästig sind oder hegen und pflegen Dinge, die ihnen schon lange keine Freude mehr bereiten. Alles, was wir mit einem inneren Nein tun, wird schwer. Und wenn wir uns dabei noch zusätzlich unter Druck setzen, weil wir perfekt oder schnell sein wollen, steigt die Anstrengung. Es wird immer mühevoller.

Was könnten Sie tun, um die Anstrengung zu beenden? Entdecken Sie zunächst, wo Sie in Ihrem Leben mit angezogener Handbremse fahren. Wo tun Sie etwas, was Sie nicht wirklich wollen? Wo arbeiten Sie mit einem inneren Nein?

So wird die Arbeit anstrengend:
Das innere Ja drängt zum Tun, das Nein hält dagegen

Was Ihnen leicht fällt, ist viel Geld wert

Ihr Nein ist der Schlüssel, um aus der Anstrengung herauszukommen. Sagen Sie Ja zu Ihrem Nein. Denn unter Ihrem Nein liegt das, was Sie gern tun. Ihre wirklichen Interessen, Ihre Begabungen und Talente. Das, was Sie motiviert. Wenn Sie das tun, was Sie mögen, arbeiten Sie mühelos, ohne inneren Widerstand.

Ich habe es mir angewöhnt, jede Anstrengung beim Arbeiten aufmerksam wahrzunehmen. Lange Zeit habe ich in meinen Seminaren ein Anstrengungstagebuch geführt. Ich schrieb alles auf, was mir Mühe machte. Immer, wenn ich merkte, dass ich dabei war, mich abzurackern, notierte ich das in einem oder zwei Stichworten. Und ich schrieb auch das auf, was wie von selbst lief, was ich locker, ohne jede Mühe hinbekam. Nach drei Seminaren hatte ich ein sehr deutliches Bild davon, was meine echten Schätze als Kommunikationstrainerin sind und wobei ich mich verbiegen musste, was nicht zu mir passte. Ich fing an, alles Mühevolle durch das zu ersetzen, was ich gut kann und was mir leicht fällt. Ich begann mühelos zu arbeiten. Dadurch wurden die Seminare auch für meine Teilnehmer weniger anstrengend. Sie hatten mehr Spaß und lernten entspannter. Die Rückmeldungen der Teilnehmer wurden immer positiver und die Firmen beauftragten mich viel öfter mit neuen Seminaren. Ich machte mehr Umsatz und verdiente mehr Geld. Und das nur, weil ich die Anstrengung Stück für Stück abgeschafft habe.

So arbeiten Sie mühelos: Tun Sie mehr von dem, was Sie gern mögen, und schaffen Sie das ab, was Ihnen nicht liegt.

Wenn Sie müheloser leben und arbeiten wollen, dann folgen Sie dem, was Sie begeistert. Setzen Sie Ihre Stärken und Talente in die Welt. Da wo Ihr »Ja« ist, geht es lang. Sorgen Sie dafür, dass Sie mit dem, was Sie gern tun, auch Ihr Geld verdienen können. Sie sind der Ausgangspunkt. Nur wenn Sie Ihre Stärken und Talente ernst nehmen, können auch andere sie ernst nehmen. Wenn Sie an Ihren Wert glauben, können andere Sie dafür hoch bezahlen.

Erfolg ist, wenn Sie durch weniger Anstrengung mehr erreichen.

Wie Sie Ihre inneren Schätze zu barer Münze machen können, haben bereits andere Autoren genau beschrieben. Ich liebe besonders das Buch von Willliam Bridges *Survival Guide für die neue Arbeitswelt* (die genauen Angaben finden Sie im Literaturverzeichnis am Ende des Buches). Er beschreibt sehr ausführlich, wie Sie aus einem Bündel von Fähigkeiten, Begabungen und Wünschen einen neuen Arbeitsplatz machen können. Oder wie Sie damit in Ihrem jetzigen Job erfolgreicher werden können.

Finde einen Job, den du liebst und du musst nie wieder arbeiten

Anstrengung entsteht durch ein gleichzeitiges Ja und Nein. Und Mühelosigkeit entsteht durch Liebe. Ein großes Wort, aber mir fällt kein besseres ein. Liebe ist der Stoff, durch den Sie die Arbeit abschaffen. Wie schon der Kalenderspruch besagt: »Finde einen Job, den du liebst und du musst nie wieder arbeiten.« Wenn Menschen lieben, was sie tun, sind sie innerlich im Ja. Sie sind ganz von selbst motiviert. Denn mangelnde Motivation gibt es nur dort, wo Menschen ohne ein inneres Ja arbeiten. Wenn Sie das tun, was Sie lieben, dann arbeiten Sie mit Ihren Begabungen und Talenten. Sie müssen sich nicht zwingen oder am Riemen reißen. Es ist die größte Verschwendung von Energie und Intelligenz, wenn Menschen täglich etwas tun, was sie nicht sonderlich interessiert und das, was sie begeistert, findet nur in der Freizeit statt. Oder überhaupt nicht.

Sie sind der Ausgangspunkt. Nur wenn Sie Ihre Stärken und Talente ernst nehmen, können andere Sie dafür hoch bezahlen.

Ich bin fest davon überzeugt, dass jeder Mensch etwas in sich trägt, das für die Welt nützlich ist. Und dass es keine unbegabten Menschen gibt. Ich erinnere mich an eine Sekretärin, die sich später mit einem eigenen Unternehmen selbstständig gemacht hat. Als ich sie kennen lernte, war sie der Meinung, sie sei unbegabt. Sie wäre nur eine Sekretärin, könne ein bisschen tippen und den Bürokram erledigen. Nicht alles an ihrem damaligen Job gefiel ihr. Das Tippen zum Beispiel mochte sie nicht. Aber Organisation, Ablage und Dokumentation, das tat sie sehr gern. Nur in ihren Augen war das keine Begabung. Aber Menschen, die nicht begabt sind, gibt es nicht. Es gibt nur Menschen, die ihre Begabungen nicht für voll nehmen und sich selbst nicht richtig wertschätzen.

Oft können wir unsere Talente erst richtig erkennen, wenn jemand anders sie anerkennt. Genau das hat bei dieser Teilnehmerin gefehlt. Erst im Seminar merkte sie, dass ihre Begabung in Sachen Büroorganisation etwas war, was andere Menschen gut gebrauchen konnten. Es dauerte noch zwei Jahre, dann machte sie sich mit ihrem Talent in Sachen Organisation selbstständig. Mittlerweile leitet sie ihr eigenes Unternehmen. Sie verkauft Büroarbeit, tage- oder stundenweise an Start-up-Unternehmen, Freiberufler und kleine Firmen. Dort organisiert sie die Ablage, sorgt für eine passende Dokumentation und kümmert sich darum, dass die Verwaltung funktioniert. Jetzt verdient sie wesentlich mehr als in ihrem alten Job. Und sie ist, wie sie selbst sagt, »hundert Mal zufriedener als früher«. Heute bestimmt sie selbst, wie viel sie arbeitet und in welche Richtung sie sich weiterentwickelt. Ihren Erfolg verdankt Sie einem einfachen Rezept: Sich auf die eigenen Stärken konzentrieren und alles abschaffen, was einem nicht liegt.

Konzentrieren Sie sich auf Ihre Stärken und schaffen Sie alles ab, was Ihnen nicht liegt.

Wie Sie sich unangenehme Arbeiten erleichtern können

Selbst dann, wenn Sie mit viel Liebe arbeiten, kann es Ihnen passieren, dass Sie es manchmal mit unangenehmen Aufgaben zu tun bekommen. Etwas, was Sie nicht besonders mögen. Ziel ist, davon so wenig wie möglich im Alltag zu haben. Falls es Sie aber doch trifft, ist es gut, wenn Sie sich die Sache nicht unnötig schwer machen. Denken Sie daran, dass Anstrengung dadurch entsteht, dass wir innerlich gleichzeitig Ja und Nein sagen. Wenn Sie sich entschließen, etwas zu tun, dann entfernen

Wenn Sie etwas tun wollen, was Sie nicht mögen, dann stoppen Sie Ihr inneres Nein. Hören Sie auf, sich zu sträuben und bringen Sie die Sache hinter sich.

Sie das Nein. Unangenehme Arbeiten können Sie leichter bewältigen, wenn Sie sich nicht dagegen sträuben. Praktisch sieht das so aus, dass Sie sich auf das konzentrieren, was Sie tun – ohne darüber nachzudenken, dass Sie die Arbeit eigentlich nicht mögen. Sie nehmen Ihre Aufmerksamkeit vom Nein weg und bringen die Sache hinter sich. Wenn Sie beispielsweise nicht gern die Fenster putzen, aber es dennoch tun wollen, dann putzen Sie sie einfach. Stoppen Sie Ihren inneren Kommentar dazu. Denn wenn Sie sich innerlich sträuben, etwa so: »Oh, wie ich das hasse! Ich kriege diese blöden Scheiben einfach nicht sauber. So ein Mist!«, wird es für Sie anstrengend. Wahrscheinlich dauert es auch länger. Die Kunst, das Unangenehme leichter hinter sich zu bringen, besteht darin, keinen inneren Widerstand dagegen aufzubauen. Das gilt auch für Situationen, die Sie nicht mögen. Zuerst ist es gut zu überlegen, wie Sie aus einer unangenehmen Situation herauskommen können. Wenn das nicht geht oder Sie sich entschlossen haben, das auszuhalten, dann stoppen Sie alle Nein-Gedanken. So können Sie den Besuch beim Zahnarzt leichter ertragen oder eine blöde Party ohne Verkrampfung überstehen.

Insgesamt können Sie müheloser leben und arbeiten, wenn Sie Ihr Ja und Ihr Nein klar erkennen und an den richtigen Platz bringen. Eigentlich ist es sehr einfach: Beim Gasgeben lösen Sie die Handbremse und wenn Sie bremsen wollen, dann drücken Sie nicht mehr aufs Gaspedal. Zum Schluss kommen hier noch einmal alle Tipps aus diesem Kapitel in der Kurzfassung.

Mühelos leben und arbeiten

- **Anstrengung ist keine Tugend**
  Das Leben ist kein Jammertal und Arbeit darf Vergnügen sein. Verabschieden Sie sich von den alten Idealen, die besagen, dass man sein Geld im Schweiße seines Angesichts verdienen muss. Sie können sehr erfolgreich leben und arbeiten – ohne Mühe. Und wenn Sie schwitzen wollen, treiben Sie Sport.
- **Verdienen Sie Geld mit Ihren Talenten**
  Das Leben ist anstrengend, wenn Sie ständig etwas tun müssen, was Ihnen nicht liegt. Arbeiten Sie mit Ihren Begabungen. Verdienen Sie Ihr Geld mit dem, was Sie gern tun. Beobachten Sie sich die nächsten Wochen im Alltag und halten Sie Ausschau nach dem, wofür Sie sich begeistern. Dort liegt Ihr persönlicher Schatz. Bringen Sie ihn ans Licht.
- **Tun Sie mehr von dem, was Ihnen Freude macht**
  Gestalten Sie Ihre Arbeit so, dass Sie sie mögen oder wenigstens zum größten Teil. Sie haben das Recht, Ihrer Freude zu folgen. Damit nutzen Sie auch der Firma, für die Sie arbeiten. Wer begeistert arbeitet, ist produktiver als jemand, der einen mürrischen Dienst nach Vorschrift macht. Verhandeln Sie mit Ihren Vorgesetzten und Kollegen über eine Umverteilung der Arbeit. Tauschen Sie unliebsame Tätigkeiten gegen Ihre Lieblingsaufgaben aus. Sorgen Sie dafür, dass sich Ihre Talente bei der Arbeit richtig entfalten können.
- **Bei unangenehmen Arbeiten stoppen Sie Ihr Nein**
  Wenn Sie, aus welchen Gründen auch immer, etwas tun wollen, was Sie eigentlich nicht mögen, dann gilt Folgendes: Stellen Sie Ihr inneres Nein ab. Stoppen Sie alle Gedanken, mit denen Sie sich einreden, wie schrecklich diese Arbeit oder Situation jetzt ist. Konzentrieren Sie sich nur auf das, was zu tun ist. Damit vermeiden Sie unnötige Reibung und Stress.

Das Leichte ist der Weg.

Douglas Harding

Der Knackpunkt oder tun Sie das, worauf es ankommt

Um Erfolg zu haben, müssen Sie nicht viel arbeiten. Es kommt vielmehr darauf an, dass Sie das Passende tun. Das, was wirklich funktioniert und die gewünschten Ergebnisse bringt. Dieses Passende nenne ich den Knackpunkt. Der Knackpunkt ist das, was eine Sache zum Laufen bringt. Es ist der richtige Dreh, von dem aus sich alles Weitere ergibt. Wenn Sie vom Knackpunkt aus arbeiten, dann arbeiten Sie wie ein Chirurg, der genau weiß, was er operieren will. Er macht nur wenige, gezielte Schnitte und steuert ohne Umwege aufs Ziel zu. Fleiß ist dabei völlig überflüssig. Niemand würde sich von einem »fleißigen« Arzt operieren lassen, der extra lange und besonders viel am Körper herumschneidet. Das Wenige, das den Kern trifft, ist meisterhaft. Um mit diesem Wenigen viel zu erreichen, ist es wichtig, den Knackpunkt zu kennen. Was aber genau ist der Knackpunkt und wie findet man ihn?

Das Wenige, das den Kern trifft, ist meisterhaft.

Knack und offen

Sie kennen wahrscheinlich den Knackpunkt bei einer Saftflasche. Obst- und Gemüsesaft wird gern in Flaschen verkauft, die einen breiten Deckel haben, einen Twist-off-Verschluss. Der gleiche Deckel, den Sie auch auf Gurkengläsern finden – nur etwas kleiner. Diese Twist-Off-Verschlüsse auf Saftflaschen sitzen manchmal sehr fest. Und falls die Hände auch noch ein wenig glitschig sind, kann man eine Menge Kraft aufwenden, ohne dass sich der Deckel auch nur einen Millimeter rührt. Wenn sich der Deckel durch einfaches Drehen nicht öffnen lässt, können Sie natürlich Fleiß als Strategie einsetzen. Mehr Anstrengung. Dabei drehen Sie immer kräftiger am Verschluss, Ihr Gesicht verkrampft sich, Sie beißen die Zähne zusammen und geben einen Uuuaarrr-Laut von sich. Vielleicht geht der Deckel jetzt auf, vielleicht auch nicht. Natürlich wissen Sie auch, dass es mit dem richtigen Dreh sehr viel leichter geht. Sie drehen die Flasche um und geben dem Flaschenboden einen kräftigen Klaps. Der Deckel lässt sich jetzt einfach aufdrehen.

Wer diesen Knackpunkt kennt, versucht es nicht mit viel Aufwand, sondern klopft gleich auf den Flaschenboden, um an den Saft zu kommen. Was beim Öffnen von Saftflaschen funktioniert, klappt auch bei den allermeisten Tätigkeiten. Es gibt einen richtigen Dreh. Wenn Sie den kennen, können Sie es sich leicht machen.

Aus der Tretmühle aussteigen

Wenn der Knackpunkt nicht bekannt ist, dann neigen fleißige Menschen dazu, sehr viel zu tun, nach dem Motto: »Wenn ich hier *alles* tue, was von mir verlangt wird, dann bin ich auf der sicheren Seite.« Und dann tun sie tatsächlich *alles*, statt sich auf den entscheidenden Knackpunkt zu konzentrieren. Wer aber *alles* tut, ist voll beschäftigt. So voll beschäftigt, dass jetzt die Zeit fehlt, um in Ruhe darüber nachzudenken, was hier der richtige Dreh sein könnte. Von den Vollbeschäftigten hören wir häufig: »Ich würde mir ja gern mehr Gedanken machen, wie ich rationeller arbeiten könnte, aber dafür fehlt mir die Zeit. Ich habe so wahnsinnig viel zu tun.« Fleißige Menschen rotieren meistens in solchen Hamsterrädern. Ihr ständiges Beschäftigtsein führt dazu, dass sie keine Zeit haben. Aber um den entscheidenden Knackpunkt zu finden, brauchen wir eine komplett andere Arbeitshaltung. Einen ruhigen, entspannten Geist und genügend Abstand zu der Aufgabe, um die es geht. Wir brauchen Zeit zum Nachdenken. Deshalb sind die ersten drei Kapitel in diesem Buch so wichtig. Beruhigen Sie die 1000 Dinge in Ihrem Leben. Sorgen Sie dafür, dass Sie nicht überlastet sind und nicht im Kleinkram ersticken. Verschaffen Sie sich so viel Freiraum wie möglich. Erst wenn Sie aus der Tretmühle des Viel-Tuns ausgestiegen sind, können Sie mit wenig Aufwand viel erreichen.

Hören Sie auf, *alles* zu tun. Konzentrieren Sie sich auf den entscheidenden Knackpunkt. Auf das Wenige, das die Sache in Schwung bringt.

Auf der Jagd nach dem Knackpunkt

Um den entscheidenden Knackpunkt zu entdecken, brauchen Sie ein bestimmtes Denken. Hören Sie auf, sich als Erstes zu fragen »Was muss ich *alles* tun«? Diese Frage führt nur dazu, dass Sie sich alle Einzelheiten einer Aufgabe vor Augen führen. Und wenn Sie Pech haben, sind das so viele, dass Sie den Blick fürs Wesentliche verlieren. Gewöhnen Sie sich ein anderes Denken an. Nehmen Sie die Aufgabe, vor der Sie stehen und suchen Sie zuerst den entscheidenden Knackpunkt. Dabei können Sie Ihr Denken durch bestimmte Fragen in die richtige Richtung lenken. Lesen Sie sich die nachfolgenden Fragen durch und beantworten Sie sie in Ruhe. Manchmal genügt schon eine Frage und Sie finden den richtigen Dreh. Und manchmal sind alle notwendig, um den Knackpunkt zu entdecken.

Die Fragen, mit denen Sie den Knackpunkt entdecken

- Wie soll das Ergebnis aussehen, was wäre hier ein Erfolg?
- Worauf kommt es bei dieser Arbeit *im Kern* an?
- Was können Sie bei dieser Aufgabe tun, um mit wenig Aufwand erfolgreich zu sein?
- Durch welche Maßnahme bzw. welche Aktivität würden Sie entscheidend vorankommen?
- Was wäre das Wenige, das viel bringt?

Nehmen Sie sich für die Antworten Zeit und entspannen Sie sich. Ihre Gedanken dürfen Handstand machen und Saltos schlagen. Kein Druck. Nur ein freier Blick und ein neugieriges Gehirn – mehr brauchen Sie nicht.

Fleiß macht »puh!« und Knackpunkte machen »aha!«

Entdeckte Knackpunkte sind im Grunde etwas sehr Einfaches. Sie sind, wie alles Geniale, eher schlicht. Hat man den richtigen Dreh erst einmal gefunden, ist man meistens erstaunt darüber, wie simpel die Sache ist. So simpel, wie das Klopfen auf den Boden einer Saftflasche. Nichts Besonderes, oder? Aber nur, wenn man es weiß. Für den, der es gerade entdeckt hat, ist es ein Aha-Erlebnis.

Ein Knackpunkt ist etwas sehr Einfaches. Er ist so simpel, dass wir ihn oft glatt übersehen.

Lassen Sie mich die Suche nach dem Knackpunkt an einem Beispiel verdeutlichen. Ich nehme dafür einen Fall, den viele Menschen nachvollziehen können: Die Organisation einer Familienfeier. Harry, der an einem meiner Seminare teilnahm, wollte ein Familienfest auf die Beine stellen. Seine Eltern feierten silberne Hochzeit. Wer so etwas schon einmal hinter sich gebracht hat, weiß, wie viel Zeit und Kraft das Organisieren kosten kann. Harry ging mit Eifer an die Festvorbereitungen heran. Er überlegte, was *alles* zu planen und zu bedenken wäre. Nach ein paar Minuten Planung sagte er »puh« und fasste sich an den Kopf. Ein sicheres Zeichen dafür, dass hier gerade die Fleiß-Nummer ablief. Fleiß macht »puh!« und Knackpunkte machen »aha!«.

Finden Sie bei großen Aufgaben heraus, worauf es im Kern ankommt. Gehen Sie bei Ihrer Planung von diesem Kern aus.

Ich bin zusammen mit Harry die Sache vom Knackpunkt her durchgegangen. Dabei geht es nicht um »alles tun«, sondern zuerst um den richtigen Dreh. Um das, was

Harrys Meinung nach das Fest wirklich erfolgreich machen würde. Der Rest ergibt sich aus diesem entscheidenden Knackpunkt. Aber was ist der entscheidende Knackpunkt bei dieser silbernen Hochzeit? Hier ist es wichtig, konkret zu werden. Keine Larifari-Labereien wie etwa »ein schönes Fest« oder »eine tolle Stimmung«. Das trifft weltweit auf jede Feier zu und ist viel zu allgemein. Was wäre ein Erfolg bei *genau dieser* Feier und mit *genau dieser* Verwandtschaft?

So wird die Planung kinderleicht

Die richtige Reihenfolge erspart Ihnen viel Zeit: erst den Knackpunkt finden, dann die Einzelheiten festlegen.

Lesen Sie hier, wie ich mit Harry den konkreten Knackpunkt entdeckte. Sie werden feststellen, dass es einen Moment gedauert hat, bis Harry aus dem Alles-Tun herausgekommen ist. Aber dann hat er den richtigen Dreh gefunden und von da an war die Planung kinderleicht. Folgen Sie einem Ausschnitt aus unserem Gespräch.

Ich: »Worauf kommt es bei der silbernen Hochzeit Ihrer Eltern im Kern an?«

Harry: »Äh, zunächst die Einladungen. Das Essen muss vorbereitet werden. Nein, wir gehen in ein Lokal, weil niemand von uns zu Hause so viel Platz hat. Es werden ca. vierzig Leute kommen. Und jemand muss eine Rede halten. Als ältester Sohn muss ich das wahrscheinlich machen ...«

Ich: »Ja, da sind viele Einzelheiten zu bedenken. Lassen wir die Details zunächst einmal beiseite. Was wäre für Sie,

Ihre Eltern und die restliche Verwandtschaft das Wesentliche bei der Feier?«

Harry: »Wesentlich? Darüber habe ich noch nicht nachgedacht. Natürlich, dass das alles klappt!«

Gute Ideen verfliegen so schnell wie Schall und Rauch. Schreiben Sie deshalb Ihre Einfälle auf.

Ich: »Was würden Sie sagen, ist der Kern dieser silbernen Hochzeit?«

Harry: »Der Kern? Also im Kern kommt es darauf an, dass meine Eltern als Ehepaar geehrt werden. Dass sie gefeiert werden, weil sie schon so lange zusammen sind.«

Ich nahm ein Blatt Papier und malte einen runden Knackpunkt-Kreis in die Mitte. Im Kreis stand oben: Eltern werden geehrt und gefeiert.

Ich: »Der Knackpunkt ist, dass Ihre Eltern geehrt und gefeiert werden. Wie könnte das geschehen?«

Überlegen Sie bei größeren Aufgaben, wer Sie dabei unterstützen kann und welche Arbeiten Sie an andere Menschen delegieren können.

Harry überlegte eine Weile: »Ja, indem wir uns ihre Ehe noch einmal anschauen. Vielleicht so etwas wie eine Hochzeitszeitung und Fotos aus der Zeit, als sie sich kennen lernten. Und aus der Zeit, als wir Kinder geboren wurden. Die Fotos könnten in Form von Dias gezeigt werden, damit alle die Bilder sehen können. Es gibt auch einige Videoaufnahmen von meinen Eltern aus ihren letzten Urlauben.«

Ich schrieb das, was Harry sagte, in Stichworten in den Knackpunkt-Kreis hinein. Jetzt stand da, Eltern werden geehrt und gefeiert mit Fotos, Dias, Hochzeitszeitung, Videoaufnahmen.

Ich: »Gut. Wenn das der Knackpunkt ist, was wird

dann gebraucht, damit das so gut wie möglich statt finden kann?«

Jetzt rollten wir die gesamte Organisation der Feier vom Knackpunkt her auf. Ich zeichnete einen zweiten Kreis um den Knackpunkt herum.

Harry: »Ich müsste zuerst die Fotos und Videoaufnahmen von meinen Geschwistern und den anderen Verwandten einsammeln. Das könnte ich mit auf die Einladung schreiben. Wer etwas hat, soll es mir zur Verfügung stellen. Bei meinen Eltern werde ich dezent spionieren. Und wir brauchen ein Lokal, in dem wir den Raum verdunkeln können. Mein Bruder kann sich um die technischen Sachen kümmern wie Diaprojektor, Videogerät.«

Versuchen Sie nicht *alles perfekt* zu machen, sondern entwickeln Sie das Wesentliche, das, worauf es im Kern ankommt.

Harry sprudelte über und ich beeilte mich, um alle seine Ideen festzuhalten. Ich teilte den zweiten Kreis in einige grobe Teilstücke ein, wie »Lokal«, »Einladungen«, »Technik« und schrieb mit, was Harry sagte. Er sprach dann über das Essen und kam zu dem Schluss, dass ein kaltes Buffet am besten wäre, weil »man ja nicht weiß, wie lange solche Ehrungen dauern«. Jetzt drehte Harry richtig auf und entwickelte viele Ideen für die Raumdekoration, wie die Einladungen aussehen sollten und welche Anekdoten Onkel Herbert noch erzählen könnte. Das alles kam in einen dritten großen Kreis, den ich um die beiden ersten herum malte. Im dritten Kreis standen Details und die Dinge, die zusätzlich ganz nett wären.

Das Gespräch mit Harry dauerte nur wenige Minuten, aber es war sehr ergiebig. Am Schluss hielt er ein Blatt in der Hand mit einer Knackpunkt-Übersicht. Es sah aus wie eine voll geschriebene Zielscheibe.

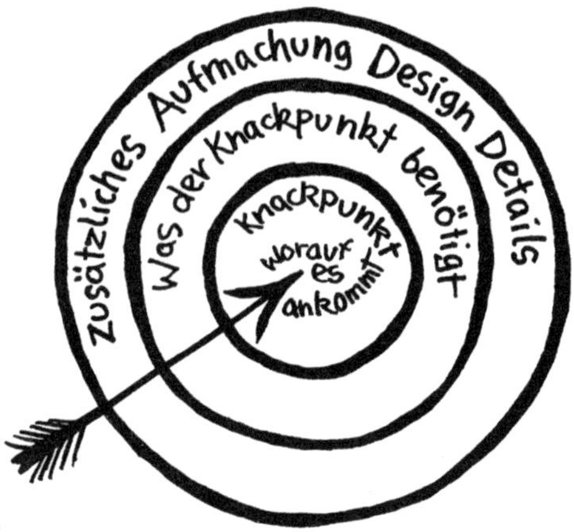

Auf den Knackpunkt zielen:
vom wesentlichen Kern zu den Einzelheiten am Rande

Harry war erstaunt, wie einfach die Organisation vom Knackpunkt her war. Übrigens wurde die Feier ein voller Erfolg. Harry sagte mir am Telefon, dass alles wunderbar geklappt hat. Die Verwandten und Bekannten hatten Fotos herausgesucht. Die Dias und Videofilme sorgten dafür, dass alle in Erinnerungen schwelgten und da ergab eine Geschichte die nächste. Seine Eltern waren tief gerührt. Er hatte genau den richtigen Punkt getroffen.

Lassen Sie mich an dieser Stelle eine wichtige Anmerkung machen. Die Feier war ein Erfolg, weil Harry den richtigen Knackpunkt für *seine* Eltern und *seine* Verwandtschaft gefunden hat. In anderen Familien kann es einen anderen Knackpunkt geben. Vielleicht mit viel Musik und Tanz oder einem Ausflug. Es gibt bei Feiern, Meetings, Events und anderen Veranstaltungen *keinen generellen* Knackpunkt, sondern immer nur einen, der zum jeweiligen Anlass und zu den Leuten passt. Das gilt auch für den Business-Bereich. Auch für Marketing, Kundenbetreuung und Mitarbeiterführung gibt es keine ewig gültigen, universellen Knackpunkte. Aber Sie können den passenden Dreh entdecken, auf den es bei *Ihren* Mitarbeitern, bei *Ihren* Kunden und bei *Ihren* Produkten ankommt.

Erfolg ist, wenn Sie das Wesentliche passgenau verwirklichen können.

Im Komplizierten das Einfache finden

Wenn Sie den richtigen Dreh gefunden haben, werden Sie schnell merken, »so funktioniert es«. Aber solange Sie den entscheidenden Knackpunkt nicht erfasst haben, werden Sie wahrscheinlich viel Zeit, Mühe und Geld in die Sache investieren. Dabei können Sie natürlich Glück haben und den richtigen Dreh zufällig erwischen. Wie ein Jäger, der im Wald stundenlang wild herumschießt und dabei zufällig einen Fasan trifft. Haben Sie aber Pech, dann treffen Sie nur daneben. Und jetzt besteht die Gefahr, dass Sie den geringen Erfolg mit noch mehr Anstrengung verbessern wollen. Also mit zwei Flinten und noch mehr Munition um sich schießen. Wenn Sie hingegen gezielt vorgehen, können Sie mit wenig Aufwand viel erreichen. Nehmen Sie sich Zeit und

Sie können mit wenig Aufwand viel erreichen, wenn Sie auf das zielen, was funktioniert.

Ruhe, legen Sie sich auf die Lauer und suchen Sie nach dem, was funktioniert. Bei komplexen Aufgaben ist das Entdecken eines Knackpunktes eine echte Kunst. Das liegt daran, dass wir uns leicht von den komplizierten Zusammenhängen und Bedingungen einfangen lassen. Und im Gestrüpp des Komplizierten übersehen wir das Einfache.

Ich stelle Ihnen hier drei Beispiele vor, die alle eines gemeinsam haben: Die Betreffenden standen vor einer Aufgabe, von der sie dachten, sie wäre zu kompliziert. Und es gäbe deshalb keinen richtigen Dreh, der alles erleichtern könnte. Den gab es aber doch, wie Sie gleich lesen können.

Suchen Sie bei komplizierten Problemen nach einfachen Lösungen. Fragen Sie sich: Was ist hier der entscheidende Punkt, der mir Zeit, Kosten und Mühe erspart?

Die Besitzerin eines Geschäftes für Puppen und historisches Spielzeug: »Mein Geschäft lief schon seit fast zwei Jahren, aber es kamen immer noch viel zu wenig Kunden. Deshalb habe ich versucht, mich durch Werbung bekannt zu machen. Ich habe viel Geld in Anzeigen investiert. Aber das hat wenig gebracht. Die Knackpunktfrage, die mir am meisten geholfen hat, war: Worauf kommt es im Kern an? Ich wollte mit meinem Geschäft einfach bekannter werden. Die Leute sollten zu mir kommen, aber dafür müssen sie erst einmal wissen, dass es mich überhaupt gibt. Der Knackpunkt war, bekannt zu werden, ohne viel Geld zu investieren. Bekannt wird man durch die Medien, dachte ich mir. Fernsehen, Radio und Zeitungen erreichen viele Leute. Ich habe eine Freundin von mir angesprochen, die manchmal fürs Radio arbeitet. Die hat einen kleinen Beitrag produziert über Spielsachen, die schon in Vergessenheit geraten sind und dabei mein Geschäft erwähnt. Kurz darauf kam das regionale Fernsehen vorbei und die machten auch einen kurzen Beitrag über historisches Spielzeug. Diese beiden Sendungen haben genügt, um wesentlich mehr Kunden anzulocken. Im Vergleich zu dem, was mich die Anzeigen vorher gekostet haben, war der Aufwand gering, aber der Erfolg enorm.«

Ein Physiker an einem großen internationalen Forschungsinstitut: »Ich muss immer mal wieder vor Leuten sprechen, die keinen Schimmer davon haben, was wir hier erforschen. Solche Vorträge vor Laien waren für mich ein großes Problem. Ich soll dabei in sechzig Minuten etwas erklären, wofür ich selbst jahrelang studiert habe. Meine Vorträge waren immer sehr aufwändig. Ich habe farbige Folien und Dias erstellt, um die Versuchsanlagen zu erklären. Und während des Vortrags Formeln abgeleitet, um den theoretischen Hintergrund deutlich zu machen. Aber trotz des Aufwands kamen meine Vorträge bei den Zuhörern nicht besonders an. Die Leute wirkten nicht interessiert, es gab kaum Beifall. Um besser zu werden, habe ich noch mehr Folien angefertigt, am Text gefeilt, noch mehr Informationen in den Vortrag gepackt. Oft habe ich zwei Tage lang an einer einstündigen Rede gearbeitet. Für mich war die beste Knackpunktfrage: »Was wäre hier ein Erfolg?«. Das habe ich zwei meiner Zuhörer gefragt und die haben mir geantwortet, ich müsste nur verständlicher reden. So

Machen Sie schwierige Dinge einfacher. Denn Einfachheit ist Stärke.

verständlich, dass auch jemand den Vortrag kapiert, der nicht acht Jahre Physik studiert hat. Die beiden hatten natürlich Recht. Aber wie erkläre ich komplizierte, physikalische Vorgänge mit ganz einfachen Worten? Das war für mich ein echtes Rätsel. Ein entscheidender Dreh hat mir geholfen: Ich stellte mir vor, dass ich den Vortrag einem zwölfjährigen Kind halten würde. Wenn ein Kind das meiste davon versteht, bin ich allgemein verständlich. Meine nächsten Vorträge habe ich tatsächlich an meinem Sohn ausprobiert. Wenn der etwas nicht begriffen hat, redete ich zu kompliziert. So habe ich gelernt, vom Fachchinesisch wegzukommen. Meine Vorträge sehen jetzt anders aus. Ich gebe nur eine grobe Übersicht und nutze dafür sehr einfache Bilder. Die physikalischen Grundlagen erkläre ich anhand von Beispielen aus dem Alltag. Einfache physikalische Sachverhalte führe ich auch direkt vor. Das Ganze lockere ich mit witzigen Anekdoten auf. Meine Vorträge kriegen mittlerweile viel Applaus und machen mir Spaß.«

Lassen Sie alles Überflüssige weg und vertiefen Sie das Nützliche.

Die Assistentin eines Managers: »Als Assistentin war ich von Anfang an für alles zuständig. Reisen organisieren, die Termine managen, Leute abfangen und vertrösten, Sitzungsprotokolle tippen und verschicken. Ein Sammelsurium an Aufgaben. Um alles zu schaffen, habe ich von morgens bis abends nur gepowert. Mein Chef hat mich gelobt, aber ich ging nach zwölf Monaten auf dem Zahnfleisch. Ich war ausgebrannt. Der Knackpunkt war, dass ich Unterstützung brauchte. Es war eindeutig zu viel für nur eine Person. Und das musste ich meinem Chef erklären. Ich bin mit der Knackpunkt-Idee an die Sache herangegangen. Statt ihm haarklein zu erzählen, wie viel ich arbeite, habe ich meinen Chef gefragt, was für ihn der entscheidende Knackpunkt an meiner Arbeit sei. Er hat ohne Zögern geantwortet, das Managen von Terminen und Gesprächen sei für ihn absolut notwendig. Dann sagte ich ihm, dass ich für das Wichtige gern auch weiterhin zuständig bin. Aber für alle anderen Arbeiten, vor allem für die Schreibarbeiten, brauchen wir eine weitere Mitarbeiterin. Der Nutzen, den er davon hatte, lag auf der Hand. Ich könnte mich besser auf das konzentrieren, was ihm wichtig war und ihn noch mehr entlasten. Das hat ihn schließlich überzeugt. Nach einigem Hin und Her lenkte er ein. Ich bekam eine Kollegin und kann seitdem sehr viel entspannter arbeiten.«

Finden Sie heraus, was die Leute, für die Sie arbeiten, wirklich brauchen und nützlich finden. Oft ist das der Knackpunkt.

Wie Sie Ihr Denken in die richtigen Bahnen lenken

Ich habe keine Ahnung, vor welchen Aufgaben und Problemen Sie jetzt gerade stehen. Vielleicht wollen Sie Ihr Badezimmer von Grund auf renovieren oder sich mit einer Geschäftsidee selbstständig machen. Einen Garten anlegen oder beruflich aufsteigen. Damit Sie den richtigen Dreh entdecken, habe ich für Sie eine ausführliche Knackpunkt-Jagd-Liste zusammengestellt. So können Sie Ihr Denken in die richtigen Bahnen lenken. In Richtung einer mühelosen, eleganten Lösung. Ich habe die Liste so entworfen, dass Sie sie für alle möglichen Arbeiten benutzen können. Wahrscheinlich passt einiges von der Liste zu dem, was Sie gerade vorhaben. Anderes betrifft Sie im Moment nicht. Suchen Sie sich das heraus, was für Ihre Aufgabe geeignet ist.

Mühelos mit dem Knackpunkt arbeiten

- **Legen Sie fest, welches Ergebnis Sie erreichen wollen**
  Wenn Sie eine Bahnfahrt antreten, haben Sie zumindest eine grobe Richtung, in die Sie fahren wollen. Oft sogar einen konkreten Zielbahnhof. Um den richtigen Dreh zu finden, ist es sinnvoll, wenn Sie zumindest eine vage Vorstellung davon haben, was am Ende dabei herauskommen soll.
- **Zielen Sie ins Zentrum**
  Konzentrieren Sie Ihr Denken auf das, worauf es im Kern ankommt. Zielen Sie ins Schwarze. Suchen Sie nach dem entscheidenden Clou, der die Sache voranbringt.
  Was ist das Wesentliche, das zum Erfolg führt?
- **Suchen Sie nach Abkürzungen**
  Was ist das Einfache, durch das Sie leichter zum Ziel kommen? Suchen Sie nach dem Faktor, der alles andere erleichtert. Gibt es eine Maßnahme, durch die Sie sich die langwierige Ochsentour ersparen können?
- **Entdecken Sie den Gebrauchswert**
  Finden Sie heraus, was Sie selbst oder die Leute, für die Sie arbeiten, wirklich brauchen und nützlich finden. Hüten Sie sich vor der Ich-weiß-schon-Bescheid-Arroganz. Werden Sie absichtlich naiv und neugierig. Stellen Sie

Fragen und hören Sie gut zu. Was brauchen Ihre Leute? Was brauchen Sie selbst?

- **Seien Sie neugierig auf Rückmeldungen**
  Führen Sie immer wieder einen Warentest durch. Prüfen Sie, wie Ihre Leistungen oder Ideen ankommen. Suchen Sie sich gute Kritiker. Bitten Sie Ihre Leute (Vorgesetzte, Kunden, Teilnehmer, Zuhörer, Klienten etc.) um Rückmeldung, wenn Sie eine Arbeit abgeliefert haben.
- **Vertiefen Sie das Wesentliche, entfernen Sie das Überflüssige**
  Meißeln Sie erbarmungslos alles weg, was unnötig ist. Und vertiefen Sie das, was brauchbar und nützlich ist. Ihre besten Ratgeber sind diejenigen, die am Schluss Ihre Arbeit in Empfang nehmen.
- **Nutzen Sie jede Erleichterung**
  Halten Sie Ausschau nach Techniken, Maschinen und Serviceangeboten, die Ihnen eine professionelle und reibungslose Unterstützung anbieten. Falls Sie nichts Passendes entdecken, erfinden Sie etwas.

Dort, wo man versucht, Zeit und Kosten zu sparen, sind Knackpunkt-Jäger mittlerweile sehr gesuchte Talente. In der Wirtschaft gibt es derzeit einen großen Bedarf an Menschen, die in der Lage sind, selbstständig zu arbeiten und elegante Lösungen zu entwickeln.

Solche kreativen Know-how-Erfinder werden nicht nach den Regeln der Fleißarbeit bezahlt. Überstunden im Büro und das Abarbeiten von Aktenbergen bringen hier nichts. Wer mit wenig Aufwand viel erreichen will, braucht dafür andere Arbeitsbedingungen: die Freiheit, etwas Neues auszuprobieren, Lernmöglichkeiten, Inspiration durch Gespräche mit anderen. Wenn Sie clever arbeiten wollen, dann sorgen Sie dafür, dass Sie genügend Freiraum haben. Befreien Sie sich, so weit wie möglich, von Machtspielchen, hierarchischen Zwängen und anderen Bremsklötzen. Damit vergeuden Sie nur Ihre Zeit und Energie. Auch hier gilt: Weniger ist mehr. Weniger Getue und weniger Anpassung, dafür mehr Konzentration auf das, was wirklich wichtig ist.

Stress ist für niemanden ein Lebenselixier.
Machen Sie Ruhe zu Ihrem Lebenselixier
und Sie werden mehr leisten denn je.

Paul Wilson

Gelassen arbeiten

So richtig gern hat ihn niemand. Dennoch haben die meisten Menschen davon mehr, als ihnen lieb ist: Stress. Diese Mischung aus Druck, Anstrengung und Hektik, die dazu führt, dass wir zu viel rauchen, zu viel Kaffee trinken und nachts nicht einschlafen können. Früher war Stress noch der Personalausweis der Tüchtigen. Wer fleißig war, hatte eben Stress. Und wer keinen Stress hatte, der war irgendwie verdächtig. Das hat sich mittlerweile geändert. Immer mehr Menschen würden gern auf die Stresspeitsche verzichten und gelassener leben. Das kann durchaus klappen. Dauerstress muss nicht sein und lässt sich vermeiden. Mithilfe der Tipps und Methoden, die in diesem Buch stehen, können Sie Ihren Alltag enorm beruhigen und entspannen. Aber können wir den Stress komplett abschaffen? Nie wieder in Hektik oder unter Druck geraten? Das ist unrealistisch. Einzelne Stressattacken kommen hin und wieder vor. Denn das Leben ist eine Wundertüte und wie das Sprichwort sagt: »Unverhofft kommt oft.« Selbst in dem

So bleiben Sie im Stress gelassen: Atmen Sie tief durch und machen Sie sich klar, dass Sie mit allem locker fertig werden. Schwierig ist nur das, was Sie für schwierig halten.

ruhigsten Alltag gibt es Überraschungen. Kurz vor Schluss, wenn alles schnell ausgedruckt werden soll, gibt der Drucker nur noch Fehlermeldungen von sich. Flugzeuge verspäten sich ausgerechnet dann, wenn wir einen dringenden Anschlussflug erwischen wollen. An dem Morgen, an dem wir in den Urlaub fahren wollen, zeigt sich beim Jüngsten ein juckender Hautausschlag am ganzen Körper. Mit diesem Stress werden wir fertig. Es ist eine Zeit der Anspannung, in der wir außergewöhnliche Kräfte mobilisieren. »Das Ding schaukeln« trotz aller Widrigkeiten – das ist auch ein Abenteuer. Und irgendwann ist auch diese Stressattacke durchgestanden. Wir atmen aus und haben eine neue Anekdote, die wir im Freundeskreis erzählen können. Einzelne Stressattacken können wir gut bewältigen, wenn wir dabei innerlich ruhig bleiben und den Kopf nicht verlieren. Einige Tipps, wie Ihnen das noch leichter gelingen kann, habe ich hier für Sie aufgelistet.

Locker bleiben, wenn's stressig wird

- **Durchatmen**
  Wenn die Anspannung zunimmt, ändert sich sofort unsere Atmung. Wir atmen flacher. Wir holen weniger Luft. Aber genau jetzt braucht unser Gehirn viel Sauerstoff, um gut denken zu können. Also holen Sie Luft. Tief ein- und ausatmen und noch einmal.
- **Akzeptieren**
  Etwas läuft schief oder verzögert sich. Sie werden leichter damit fertig, wenn Sie die Tatsachen akzeptieren. Wer sich innerlich dagegen auflehnt, erzeugt nur unnötige Turbulenzen wie Hektik, Ärger und rücksichtsloses

Autofahren. Dieser Psychostrudel raubt Ihnen die Kraft und verhindert, dass Sie das Problem klar erkennen und schnell lösen können. Also: erst akzeptieren, dann verändern.

- **Ändern, was zu ändern ist**
  Wenn Sie unter Druck geraten, ist es Zeit, geschmeidig zu werden. Kurz zurücktreten, Abstand herstellen und in Ruhe überlegen: Was könnten Sie noch tun, um die Sache hinzubekommen? Wer könnte Ihnen helfen? Lässt sich das, was Sie vorhaben, *anders* erledigen?

- **Wichtigkeiten runterschrauben**
  Das große Geheimnis der Gelassenheit lautet: »Das, was hier abläuft, kann mich nicht erschüttern, weil es nicht *so* wichtig ist.« Es ist kein Riesenunglück, Ihr Überleben ist nicht gefährdet. Es ist lediglich unangenehm. Vielleicht auch sehr unangenehm. Wie wird man mit dem Unangenehmen fertig? Halten Sie das Gefühl einfach aus. Wehren Sie sich nicht dagegen. Unangenehme Gefühle sind kein Beinbruch.

Arbeitsberge bewältigen: Kopfsprung oder aufschieben?

Auch wenn wir noch so stressfrei und clever arbeiten, sie tauchen doch noch auf: Berge von Arbeit. Das kann ein Umzug sein, ein Examen oder die Renovierung der Wohnung. Selbst das Ausmisten eines Dachbodens kann ein Jahrhundertprojekt sein, vor allem bei Leuten, die nichts wegwerfen können.

Erstes Erkennungsmerkmal für einen Arbeitsberg ist die Hand, die über die Stirn fährt zusammen mit dem Satz »O Gott! Ich darf gar nicht daran denken, was ich noch alles zu tun habe.« Arbeitsberge türmen sich zuerst im Kopf auf. Anschließend entstehen immer mehr Merkzettel und Listen. Jetzt können Sie zwei verschiedene Reaktionen beobachten.

Einige Menschen werden hektisch und stürzen sich kopfüber in die Arbeit, nach dem Motto: Jetzt bloß keine Zeit vertrödeln, sonst werde ich hier nie fertig. Doch dieser Kopfsprung ist nicht ungefährlich. Wer so plötzlich untertaucht, kann leicht den Blick fürs Wesentliche verlieren und seine Kraft mit Nebensächlichkeiten vergeuden.

Die zweite Reaktion ist fast das genaue Gegenteil. Angesichts der vielen Arbeit fühlen sich manche niedergeschlagen und gehen lustlos an die Sache heran. Und was macht man, wenn man eigentlich keine Lust hat? Richtig – man macht etwas anderes. Da wird erst einmal der Schreibtisch aufgeräumt oder gefrühstückt. Dann wird die Post gelesen und anschließend ist die Tageszeitung dran. Ausweichmanöver. Das sieht vielleicht lässig aus, aber mit jedem Aufschieben steigt der innere Druck. Bis der irgendwann so groß wird, dass es auch zum Kopfsprung kommt.

Stürzen Sie sich nicht kopfüber in die Arbeit. Gehen Sie besonnen an die Sache heran. Überlegen Sie zuerst, was das Wichtigste ist und worauf es im Kern ankommt.

Den Arbeitsberg zerlegen

Da stellt sich die Frage, ob es eine gelassenere Art gibt, große Berge von Arbeit zu bewältigen. Selbstverständlich! Am leichtesten ist es, wenn Sie ein wenig Abstand zu Ihrer Arbeit herstellen. Das gelingt am besten mit Papier und

Bleistift. Statt vieler kleiner Merkzettel nehmen Sie ein Blatt Papier und schreiben alles auf, was zu tun ist.

Übersichtlicher wird das Ganze, wenn Sie oben auf dem Blatt den Knackpunkt oder das Ziel notieren. Von dort aus können Sie alle notwendigen Schritte darunter auflisten. In der richtigen Reihenfolge. Nebensächlichkeiten und Kleinkram notieren Sie am Rand. Falls die Zeit dabei eine wichtige Rolle spielt, schreiben Sie neben jeden Schritt, bis wann Sie ihn erledigen wollen. So zerlegen Sie den Berg in gehbare, kleinere Strecken. Und Sie fangen mit dem Schritt an, der als nächster dran ist. Das ist auch ein gutes Rezept gegen das Aufschieben. Sie kümmern sich nur um das, was auf Ihrer Übersicht jetzt zu tun ist. Damit verschwindet das Gefühl, vor einem riesigen Berg zu stehen. Außerdem kann sich Ihr Denken beruhigen. Sie müssen nicht mehr alles im Kopf haben. Es steht übersichtlich auf einem Blatt Papier.

Umfangreiche Arbeiten bekommen Sie leichter in den Griff, wenn Sie sie in kleinere Einzelaufgaben zerlegen.

Zerlegen Sie den Arbeitsberg in kleinere Strecken, die Sie gut bewältigen können

Im Grunde geht es darum, das Große in kleinen Schritten, Stück für Stück abzutragen. Und dafür brauchen Sie Ausdauer. Die Ausdauer eines Marathonläufers. Es nützt nichts, wenn der Läufer zu Beginn des Marathons einen Sprint hinlegt. Wichtiger ist, dass er seine Kräfte so einteilt, dass er am Schluss ins Ziel kommt. Damit Sie Ihre Kräfte richtig einteilen und Ihr Ziel erreichen, möchte ich Ihnen hier noch ein paar Tipps mit auf den Weg geben.

So können Sie sich die Arbeit leicht machen

- **Innerlich Ja sagen**
  Bauen Sie keinen Widerstand gegen das auf, was Sie tun wollen. Sie erinnern sich: Wenn Sie etwas tun, aber innerlich dagegen sind, dann wird es anstrengend für Sie. Ihr inneres Nein ist wie Sand im Getriebe. Deshalb: Schalten Sie um auf Ja.

- **Überblick statt hektischer Aktivität**
  Wenn Sie viel zu tun haben, dann hüten Sie sich vor blindem Aktionismus. Bevor Sie loslegen, klären Sie, wie das Ergebnis aussehen soll. Stellen Sie fest, worauf es wirklich ankommt, damit Sie Ihre Energie richtig einteilen können. Was ist wirklich wichtig, was nur nebensächlich? Diese kurze Planungszeit kann Ihnen viel unnötigen Kraftaufwand ersparen.

- **Ein Schritt nach dem anderen**
  Zerlegen Sie eine umfangreiche Arbeit in kleine, übersichtliche Aufgaben. Nehmen Sie sich nicht den ganzen Berg vor, sondern nur das, was im Moment konkret dran ist. Trennen Sie die *nächste kleine* Treppenstufe aus dem Arbeitsberg heraus. Wie Sie wissen, beginnt selbst die

längste Reise mit dem ersten Schritt. Dann kommt der zweite und der dritte ... Konzentrieren Sie sich heute auf den nächsten Schritt.

- **Ausdauer kommt von den Pausen**
  Die denkbar schlechteste Lösung: Bei großen Aufgaben einfach durchpowern, alles geben bis zum Umfallen. Produktiver ist es, wenn Sie zwischen Anspannung und Entspannung hin und her pendeln. Das führt zu einer enormen Ausdauer. Sorgen Sie für Entspannung – während der Arbeit und nicht erst, wenn Sie in Rente gehen. Falls Sie viel sitzen, verschaffen Sie sich Bewegung. Und wenn es nur das Treppensteigen statt Fahrstuhlfahren ist. Und *bevor* Sie erschöpft sind, machen Sie eine Pause.

Wie Sie mehr persönliche Stärke aufbauen

Sicherheit finden Sie auf Dauer nur bei sich selbst.

Zur Zeit erleben viele Menschen, dass ihr Arbeitsplatz sich verändert oder sogar bedroht ist. Immer mehr feste Jobs werden abgebaut, Stellen wegrationalisiert und Firmenbereiche ausgegliedert. Diese Veränderungen machen vielen Beschäftigten Angst. Oft führt diese Angst dazu, dass der Druck wächst und viele glauben, nur durch mehr Leistung ihren Arbeitsplatz retten zu können.

Ich möchte Ihnen hier einen Weg zeigen, wie Sie der Angst und dem Druck entgegentreten können. Dabei geht es nicht darum, dass Sie sich nie wieder ängstlich fühlen. Das wäre unrealistisch. Wichtiger ist, dass Sie aus der Abhängigkeit und der Schwäche herauskommen und Ihre persönliche Stärke aufbauen. Bevor ich Ihnen zeige, wie Sie das tun können, lassen Sie uns einigen Tatsachen nüchtern ins Gesicht schauen. In einer sich ständig wandelnden Wirtschaft finden Sie keinen Arbeitsplatz, der Ihnen auf Dauer Sicherheit bietet. Erst die Berufsausbildung, dann bei einer Firma angestellt werden, dort Karriere machen und bis zur Rente arbeiten – damit ist Schluss. Arbeitsplätze halten nicht mehr ein Leben lang. Und es wird auch immer schwieriger, sich am Arbeitsmarkt zu orientieren. Auch dort sind Veränderungen das Einzige, was sicher ist. Viele Jobs, in denen heute händeringend Leute gesucht werden, gab es vor einigen Jahren noch nicht. Und in vielen Berufen, die in meiner Jugend als absolut krisenfest galten, werden heute massenhaft Leute entlassen.

Persönliche Stärke ist etwas, das Sie selbst herstellen können.

Sicherheit finden Sie also nicht mehr in einem Unternehmen, sondern nur bei sich selbst. Ihre persönliche Stärke ist das, worauf Sie sich verlassen können. Und diese Stärke ist nicht etwas, das Sie besitzen oder nicht besitzen, sondern sie wird von Ihnen *hergestellt*. Wie das geht, möchte ich Ihnen hier kurz zeigen.

In der heutigen Wirtschaft sind es im Wesentlichen vier Eckpfeiler, die Sie stark machen:

1. Ihr persönliches Kapital,
2. Ihre Fähigkeiten, sich selbst überzeugend zu präsentieren,
3. Aufbau und Pflege eines kollegialen Netzwerkes und
4. Ihre Gestaltungskraft.

Alle diese vier Punkte erfordern von Ihnen ein neues Denken. Eine neue Sichtweise Ihrer Arbeitskraft. Sie sind nicht mehr ein bloßer Gehaltsempfänger, sondern ein Unternehmer in eigener Sache. Tom Peters nennt diese neue Sichtweise die *Ich-AG*. William Bridges nennt es das *Ein-Frau-Unternehmen/Ein-Mann-Unternehmen*. (In den sehr lesenswerten Büchern dieser beiden Autoren wird dieses Thema ausführlich behandelt.) In jedem Fall geht es darum, die eigene Arbeitskraft als einen Produktionsfaktor zu sehen, den Sie selbst gestalten und vermarkten. Diese Sichtweise beruht nicht auf irgendeinem psychologischen Konzept, sondern ist das Ergebnis der derzeitigen ökonomischen Entwicklung. In dem neu entstandenen Informationszeitalter wurde Wissen zum entscheidenden Produktionsfaktor. Und Wissen entsteht durch Menschen, denn Maschinen können bestenfalls nur Informationen verarbeiten, aber kein Wissen herstellen. Deshalb wird auch von Humankapital gesprochen. Das Know-how und die Lernfähigkeit der Mitarbeiter sind die wichtigsten Ressourcen jeder Firma. Daraus ergibt sich der erste Eckpfeiler Ihrer Stärke.

Ihr Know-how und Ihre Lernfähigkeit sind die Basis Ihrer persönlichen Stärke.

Ihr persönliches Kapital

In dieser neuen Arbeitswelt sind Sie wirtschaftlich am stärksten, je mehr brauchbares Wissen Sie anzubieten haben. Ihr Know-how ist Ihr persönliches Kapital. Sie sind ein Kapitalträger oder anders gesagt: Sie sind ein Kapitalist/eine Kapitalistin.

Zu Ihrem persönlichen Kapital gehören:

- alle Ihre Aus- und Weiterbildungen,
- alle Ihre Begabungen und Talente,
- alle Kenntnisse, die Sie in Ihren früheren Jobs erworben haben,
- die Spezialitäten, für die Sie jetzt zuständig sind,
- alle Arbeitsfelder, in die Sie sich eingearbeitet haben,
- alle Ihre kommunikativen Kompetenzen, die so genannten Soft Skills,
- alles, was Sie gerne tun und Ihnen Freude macht
- und Ihre Lernfähigkeit.

Wenn Sie schon lange in einem festen Angestelltenverhältnis arbeiten, ist es gut möglich, dass Ihnen Ihr Kapital nicht bewusst ist. In einem solchen Fall ist es sinnvoll, dass Sie sich Ihr »Vermögen« vor Augen führen, am besten schriftlich.

Sich selbst überzeugend präsentieren

Aber es reicht nicht aus, dieses Kapital einfach nur zu besitzen. Sie brauchen zusätzlich die Fähigkeit, sich selbst damit zu präsentieren – auch innerhalb der Firma, in der Sie jetzt arbeiten. Hier spielt die Rhetorik eine wichtige Rolle. Können Sie Ihr Kapital plausibel, vollständig und treffend darstellen? Mündlich und schriftlich? Wenn Sie für Ihr Vermögen nicht die überzeugenden Worte finden, dann können andere Ihr Kapital auch nicht wertschätzen. Besonders Festangestellten ist der Gedanke, Werbung in ei-

Warten Sie nicht darauf, dass andere Sie entdecken. Entdecken Sie sich selbst. Gestalten Sie aktiv und bewusst Ihr Image.

gener Sache zu machen, noch fremd. Früher reichte ein gut geschriebener Lebenslauf und ein ordentliches Bewerbungsgespräch aus und dann war Schluss mit der Selbstdarstellung. Heute ist Selbstvermarktung eine Daueraufgabe für alle Kapitalträger/Kapitalträgerinnen.

Ich wette, Sie haben in der Firma, in der Sie jetzt arbeiten, bereits ein Image. Sie sind dort bereits eine »Marke«. Die Frage ist nur, ob Sie Ihr Image bewusst gestaltet haben und ob es für Sie wirklich optimal ist. Hören Sie auf, darauf zu warten, wie Ihre Kollegen oder »die da oben« Sie einschätzen. Erschaffen Sie Ihr eigenes Profil.

Ein Netzwerk aufbauen und pflegen

Bauen Sie sich ein kollegiales Netzwerk auf und pflegen Sie Kontakte mit Leuten aus anderen Firmen und mit Selbstständigen, die in Ihrer Branche arbeiten. Damit lösen Sie die Fixierung auf Ihren jetzigen Arbeitsplatz und bekommen einen größeren Einblick in die Art und Weise, wie anderswo gearbeitet wird. Der Blick über den eigenen Tellerrand holt Sie aus der Enge Ihrer Erfahrungen heraus. Sie bekommen neue Ideen und Impulse, auf die Sie allein nie gekommen wären. Außerdem ist es sehr wahrscheinlich, dass Sie Ihren nächsten Arbeitsplatz durch Kontakte aus dem Netzwerk finden.

Ihre Gestaltungskraft

Ihr Arbeitsplatz ist nicht nur ein Ort, an dem Sie Geld verdienen, sondern auch der Platz, an dem Sie Ihr Kapital erhöhen. Möglicherweise gibt es für Ihren jetzigen Job eine

Stellen- oder Funktionsbeschreibung, in der steht, was Ihre Aufgaben sind. Aber für Sie ist es wichtig, dass Sie auch eine Entwicklungsbeschreibung anfertigen und zwar für sich selbst. Sie sagen Ihrem Chef oder der Personalabteilung, in welche Richtung Sie sich weiterentwickeln wollen. Sie legen für sich fest, welche Themen, Arbeitsbereiche oder Projekte für Sie interessant und lohnend sind. Das bedeutet, dass Sie immer wieder Verhandlungen führen und aufs Neue Ihre Vorstellungen einbringen. Und Ihre Verhandlungsmacht ist umso größer, je attraktiver Ihr Kapital ist, das Sie anzubieten haben.

Selbstverantwortung ist das Stichwort. Legen Sie für sich fest, in welche Richtung Sie sich weiterentwickeln wollen.

Alle diese vier Punkte stärken Ihre Unabhängigkeit. Aber es ist Ihre Aufgabe, sich darum zu kümmern. Kein Vorgesetzter legt Ihnen das auf den Schreibtisch. Sie, und nur Sie sind dafür zuständig, was Sie aus sich machen. Selbstverantwortung ist das entscheidende Stichwort. Dabei ist das, was sich zwischen Ihren Ohren abspielt von entscheidender Bedeutung. Denn für deprimierende Ansichten ist in dieser Stärke kein Platz. Wenn Sie schon beim Gestalten sind, dann sorgen Sie auch dafür, dass in Ihrem Kopf keine Selbstsabotage stattfindet, wie beispielsweise diese: »Mit Fünfzig gehöre ich zum alten Eisen.« »Ich bin zu jung und unerfahren.« »Als allein erziehende Mutter werde ich sowieso nicht weit kommen.« »Da ich kein Abitur habe, kann ich nie so eine Position bekommen.« Alles, was Sie herabsetzt, hat in Ihrem Denken

Stoppen Sie alle Gedanken, mit denen Sie sich selbst sabotieren. Sie sind nicht zu alt und auch nicht zu jung. Sie sind genau richtig.

nichts zu suchen. Kümmern Sie sich aktiv um Ihr Selbstvertrauen. Denn das ist das Fundament, auf dem Ihr Kapital steht. Sie sind kein Blatt im Wind, das von den Stürmen der Ökonomie herumgewirbelt wird. Sie sind der Wind, der seine eigene Richtung bestimmt.

Gezielt gut drauf sein

Ich hielt einen Vortrag über das Thema »Arbeitsberge mühelos bewältigen«. Am Ende überlegte ich kurz, ob ich noch etwas vergessen hatte. Etwas versonnen fragte ich: »Fehlt da noch etwas?« und studierte dabei meine Vortragsunterlagen. Eigentlich erwartete ich keine Antwort, da meldete sich ein Zuhörer. »Sie haben die gute Laune vergessen«, sagte er. »Wenn man viel zu tun hat, ist gute Laune wie ein Schmieröl. Alles flutscht viel besser.« Er hatte Recht. Wenn ich einen kleinen Schalk im Nacken hatte, konnte ich müheloser schreiben. Und Gespräche laufen wirklich besser, wenn sie mit einer Prise Humor gewürzt sind.

Gute Laune erleichtert jede Arbeit. Wenn wir gut drauf sind, arbeitet unser Verstand reibungsloser und wir sind seelisch stabiler.

Ja, es stimmt, wir können leichter arbeiten, wenn wir gut gelaunt sind. Eine Zuhörerin fragte, ob man sich ganz bewusst in gute Laune versetzen könne. Eine interessante Frage. Ist es möglich, absichtlich gut drauf zu sein? Es gibt einige Hinweise dazu. Zum Beispiel das Joggen. Beim Laufen und anderen Sportarten kommt es nach einiger Zeit zur Ausschüttung von Endorphinen im Körper. Die werden auch Glückshormone genannt und führen zu einem gelösten, fröhlichen Zustand. Allerdings geschieht das nicht, wenn man nur mal kurz dem Bus hinterher läuft. Diese Glückshormone werden erst freigesetzt, nachdem man schon länger ausdauernd Sport getrieben hat. Und es ist fraglich, ob die Endorphinausschüttung lange in den Alltag hineinwirkt. Also ob man anschließend stundenlang gut gelaunt am Computer arbeitet.

Die zweite Art, gute Laune gezielt herbeizuführen, fand ich zufällig am Zeitschriftenstand. Auf der Titelseite einer Illustrierten stand: Essen Sie gute Laune. Dabei ging es um Obst und Gemüse, durch das wir angeblich fröhlich werden. Dazu gehörten Mangos, Erdbeeren, Ananas, Erbsen und Kopfsalat. Ich gebe zu, dass ich etwas skeptisch bin. Sicherlich sind Obst und Gemüse gesund. Aber ob wir dadurch gute Laune bekommen? Das widerspricht doch unseren Alltagserfahrungen. Wenn Ihnen jemand erzählt, er wäre gestern Abend in einer fröhlichen Runde gewesen, in der gefeiert wurde und die Leute sich prächtig amüsierten, was für ein Bild entsteht da vor Ihrem geistigen Auge? Sehen Sie lustige Menschen, die Mangos und Erbsen essen?

Die gute Laune steckt in den Kinderschuhen

Viele Menschen sind daran interessiert, ihre Stimmung zu verbessern. Aber zur Zeit fehlt uns noch das Wissen, wie wir das gezielt erreichen können. Die Gute-Laune-Forschung steckt noch in den Kinderschuhen. Und genau dort würde ich suchen, in den Kinderschuhen. Denn als wir klein waren, konnten wir völlig aufgehen in dem, was wir taten. Und dabei waren wir die meiste Zeit gut drauf. Wir haben damals wirklich umfangreiche Aufgaben bewältigt. Wir bauten eine ganze Stadt – in der Sandkiste. Mit Häusern, Straßen und einem Tunnel. Und ein Tunnel in einer Sandkiste, das ist keine einfache Sache. Auf dem Fußboden im Wohnzimmer entstand ein Bauernhof und wir haben stundenlang Ställe für die Tiere gebaut. Erst als wir dabei waren, einen großen See für die Krokodile anzulegen, kam es zu Behinderungen durch unsere Vorgesetzten. Vielleicht werden Sie jetzt sagen, »Aber das kann man doch nicht vergleichen. Das waren doch Kinderspiele.« Bitte erinnern Sie sich. Als wir Kinder waren, haben wir uns nicht mit Kinderkram abgegeben. Nein, wir bauten schwierige Dinge. Eine Ritterburg mit Zugbrücke oder einen Urwald mit Tigern und Fallgruben. Waren wir damals motiviert? Ja. Wir wussten nicht, was das Wort bedeutet, aber wir wollten nicht aufhören. Wenn die Vorgesetzten »Aufräumen!« riefen, lautete unsere Antwort »O nein!«. Wenn es hieß: »Jetzt aber ins Bett!«, gab es von unserer Seite Protest. Damals freuten wir uns nicht auf den Feierabend. Wir gestalteten ganze Lebenswelten und hatten dabei gute Laune. Damals konnten wir das alles. Und heute? Was ist passiert? Wieso können wir als Erwachsene nicht mehr so arbeiten?

Das Leben ist ein Spiel. Die erste Regel lautet: Alles ist todernst. Die zweite Regel lautet: Glaub bloß nicht an die erste Regel.

Wenn ich eine Gute-Laune-Forscherin wäre, würde ich das untersuchen. Hier, in den Kinderschuhen, steckt das Geheimnis des Vergnügens. Als Erwachsene haben wir uns so sehr bemüht, ernsthaft und wichtig zu sein. Und bei diesem ganzen Ernst- und Wichtigsein wurde alles Spielerische entfernt. Heute arbeiten wir nüchtern und sachlich. Ohne jeden Zauber und ohne ein Glitzern. Kein Sichverkleiden, nur noch korrekte Garderobe. Keine Tiger, keine Feen und keine Schatzsuche. Nur noch Unterlagen, Terminkalender und Aktennotizen. Heute fragen wir uns, wo unsere gute Laune geblieben ist. Und warum wir manchmal so lustlos sind. Lustlosigkeit entsteht dort, wo alle ganz ernst bei der Sache sind.

Ein wenig Spaß kann Sie weit bringen

Was können Sie tun, um gute Laune beim Arbeiten zu bekommen? Kein Problem. Holen Sie sich das zurück, was Sie sich abgewöhnt haben: Ihren Spieltrieb und Ihre Fantasie. Verwandeln Sie Ihre Arbeit in ein Abenteuer. Nehmen Sie die Hälfte Ihrer Ernsthaftigkeit weg und ersetzen Sie sie durch Spaßhaben. Und hören Sie auf, ständig so erwachsen zu sein. Seit Monaten drücken Sie sich davor, die Garage oder den Dachboden aufzuräumen? Eine lästige, staubige Sache, die Ihnen da bevorsteht. Das wäre doch ein Job für einen Piraten, für einen echten Freibeuter. Also binden Sie sich das klassische Piratenkopftuch um die Haare und legen Sie die Augenklappe an. Stecken Sie die Müllbeutel in Ihren Gürtel und jetzt erobern Sie den Schatz. Kämpfen Sie sich durch die wilde See und raffen Sie Ihre Beute zusammen. Den schäbigen Rest versenken Sie mit piratenmäßigen »Ahrr, ahrr« in der Mülltonne. Falls Ihnen dazu noch der

Nehmen Sie die Hälfte Ihrer Ernsthaftigkeit weg und ersetzen Sie sie durch Spaßhaben.

Mut fehlt, lassen Sie sich dabei von einem Kind coachen. Nehmen Sie Ihren nächsten Arbeitsberg und fragen Sie sich, wie Robin Hood, der Rächer der Enterbten, an die Sache herangehen würde? Oder Balu, der Bär aus dem Dschungelbuch? Ein wenig Spaß kann Sie weit bringen. Alles, was Sie dafür brauchen, ist ihre fantasievolle, kindliche Seite. Die gute Laune steckt in Ihren eigenen Kinderschuhen.

Fit fürs Faulenzen

In diesen beiden Kapiteln erfahren Sie:

- warum es wichtig ist, hin und wieder alles abzuschalten und sich zurückzuziehen
- wie Sie es schaffen, ungestört zu arbeiten
- wie Sie durch das Nichtstun Ihre Leistungsfähigkeit erhalten und steigern können
- wie Sie sich Zeiten fürs Däumchendrehen reservieren
- wie Genuss Sie wirklich reich machen kann

Der Medienentzug fördert eine innere Stille.
Wenn Sie Ihren Kopf vom lähmenden Geplapper befreien,
dann stoßen Sie auf einen tiefen Strom von Ideen,
Einsichten und Erkenntnissen.

Julia Cameron

Ausschalten

Nicht ständig erreichbar zu sein, ist eine Kunst und ein echter Luxus.

Handy aus, Radio aus, Fernseher aus, keine E-Mail lesen, Computer aus, Schluss mit Faxen, die Post wird später gelesen. Alles abschalten. Je mehr wir verkabelt und vernetzt sind, desto wichtiger wird das Ausstöpseln. Nicht ständig erreichbar zu sein, ist eine Kunst und ein echter Luxus. Und daran zeigt sich unsere persönliche Macht. Haben wir die Herrschaft über die Geräte oder beherrschen die Geräte uns? Reagieren wir auf jedes Handyklingeln wie ein Hund auf das Pfeifen seines Herrchens? *Müssen* wir alle E-Mails sofort lesen? Mal ehrlich – wie viele Wochen im Jahr verzichten Sie ganz aufs Fernsehen? Und sind Sie so frei, alle Anrufe auf dem Anrufbeantworter zu löschen, ohne sie abgehört zu haben?

Wer ständig erreichbar ist, hat viel Anderer-Leute-Zeug in seinem Leben.

Was früher einmal als Erleichterung anfing, ist für viele Menschen eine Fessel geworden. Telefon, Fax, Mailboxen, Anrufbeantworter, Internet, Fernsehen, Radio – das sind die Türen, durch die uns die Welt jederzeit erreichen kann. Manche Menschen kriegen die Türen nicht mehr zu. Sie sind ständig mit dem beschäftigt, was die Welt von Ihnen will, mit den Angelegenheiten anderer Leute. Wer ständig erreichbar ist, hat viel Anderer-Leute-Zeug in seinem Leben. Und läuft damit Gefahr, kaum noch zu seinen eigenen Sachen zu kommen.

Viel Blabla, aber keine Wertschöpfung

Es ist noch nicht so lange her, da war ich von Computerfreaks und Technikgläubigen umzingelt, die allesamt von Online-Arbeit und Handy-Nutzung schwärmten. »Wahnsinn, mit meinem Laptop und dem Handy kann ich sogar von den griechischen Inseln aus mit meinen Geschäftspartnern reden.« »Das ist doch irre. Damit kann ich Mails verschicken, während ich im Straßencafé in Rom sitze.« Mobil vernetzt zu sein, das schien am Anfang nach großer Freiheit zu riechen. Ewig Urlaub machen, sich irgendwo am Strand vergnügen und nebenbei online seine Geschäfte machen. Aber die große Freiheit hat sich schnell in eine Zwangsjacke verwandelt. Der Strand, das Straßencafé, die idyllische Bergwiese wurden zum Büro. Es gab keinen Abstand mehr zur Arbeit. Jetzt war überall Business, immer im Stand-by-Betrieb. Aber die wirklich große Ernüchterung kam mit einer sehr einfachen Erkenntnis. Irgendwann stellten die Online-Handy-Leute fest, dass sie zwar viel Kontakt hatten, aber wenig dabei herauskam. Es gab immer mehr Blabla, aber kaum Umsatz. Denn viel telefonieren, stundenlanges Chatten, tausendfach angeklickte

Was ist jetzt wirklich wichtig? Viel Gerede stiehlt Ihnen Ihre Zeit und kostet Kraft. Werden Sie bei Ihren Gesprächen wesentlich.

Web-Seiten sind noch keine Wertschöpfung. Dazu der Abteilungsleiter einer Bank: »Nach meinem Urlaub hatte ich in meinem Bürocomputer 156 E-Mails. Die alle zu lesen hat mich viel Zeit gekostet. Die meisten waren total überflüssiges Zeug. Sicherlich sind E-Mails praktisch. Aber sie sind auch eine unerschöpfliche Quelle von dummem Geschwätz.«

Von Opernarien und Online-Knechten

Überall erreichbar sein hat Vorteile, vor allem, wenn es um etwas Dringendes geht. Aber jeder weiß, dass es den Handys vollkommen egal ist, wofür sie benutzt werden. Bei unachtsamem Gebrauch stören sie, lenken ab und kosten Nerven. Wer kennt sie nicht, die Handys, deren Klingeltöne ganze Opernarien abspielen und die ausgerechnet dann ertönen, wenn eine bedeutsame Stille herrscht. Im Kino, wenn der sterbende Vater seinen lang vermissten Sohn in die Arme schließt und ihm alles verzeiht. Der Moment, in dem die ersten Taschentücher rausgeholt werden. Ausgerechnet dann dudelt ein Handy die Auf-in-den Kampf-Melodie aus der Oper *Carmen*. Und schon verwandelt sich eine nützliche Technik in eine allgemeine Belästigung. Verständlich, wenn einige gute Restaurants ein Handy-Verbotsschild an die Tür hängen.

Die Geschäftsführerin eines Hotels sagte dazu: »Haben Sie schon einmal ein Gespräch geführt und Ihr Gesprächspartner hatte sein Handy dabei, das alle drei Minuten klingelte? Da sind konzentrierte Gespräche kaum noch möglich. Was man kompakt in dreißig Minuten durchziehen könnte, wird durch die ständigen Unterbrechungen zu einem zähen Brei, der sich endlos hinzieht. Bei manchen Geschäftspartnern hatte ich den Eindruck, die reagieren viel eher auf die Leute am Telefon als auf diejenigen, die leibhaftig vor ihnen sitzen. Da ist natürlich auch viel Angeberei im Spiel. Der Handy-Mann will mir zeigen, dass er so wichtig ist und alle ständig etwas von ihm wollen. Mittlerweile nehme ich das nicht mehr einfach hin. Ich bitte darum, dass alle Handys ausgeschaltet werden. Und siehe da – die Gespräche laufen konzentriert ab.«

So vereinfachen Sie Ihr Leben: eins nach dem anderen und nur eine Sache zur Zeit.

Früher waren ein Handy und ein schneller Internetzugang echte Prestigeobjekte, die man voller Stolz vorzeigte. Damit ist es auch vorbei. Jedes zweite Schulkind drückt auf dem Heimweg auf einem Handy herum und online sein ist in vielen Firmen zur Pflicht geworden. Ein junger Unternehmensberater: »Ich arbeite bei einer renommierten Unternehmensberatung und es wird selbstverständlich von der Zentrale erwartet, dass ich jederzeit erreichbar bin. Auf dem Weg zum Kunden, beim Kunden und auf dem Rückweg sind wir übers Internet mit der Firma verbunden. Vom Hotelzimmer aus werden abends die Daten hin und her geschickt. Bei uns ist der gewöhnliche Berater ein Online-Knecht und hängt an der langen Leine. Nur wer in der Firma auf einem Chefsessel sitzt, kann es sich leisten, mit nichts weiter als einem silbernen Kugelschreiber auf Reisen zu gehen. Nicht erreichbar zu sein ist ein Privileg, das man sich erst verdienen muss.«

Der Kampf um Ihre Aufmerksamkeit

Der neue Luxus besteht darin, nicht ständig online sein zu *müssen*, es sich leisten zu können, alles abzuschalten und unterzutauchen. Dieses Abschalten brauchen wir, um das Eigene in die Welt zu setzen. An etwas Wichtigem arbeiten, einen Knackpunkt jagen oder ein gutes Gespräch führen – das geht nur, wenn es störungsfreie Zeiten gibt. Zeiten, in denen der Rest der Welt Sie nicht erreichen kann. Denn letztlich kämpfen alle um Ihre Aufmerksamkeit. Überall sollen Sie etwas kaufen, hinsehen, zugreifen, mitmachen. Alle Medien versuchen Sie einzuspannen. Ihre Aufmerksamkeit ist Voraussetzung, damit andere Geld verdienen können. Und weil alle um Ihre Aufmerksamkeit kämpfen, wird das Geschrei auch immer schriller und aufdringlicher. Wir werden zugeschüttet mit krassen Bildern und dramatischen Versprechungen.

Abschalten und Tür zu: Sie brauchen störungsfreie Zeiten, um sich mit dem zu beschäftigen, was Ihnen wirklich wichtig ist.

Bei dieser Informationsflut ist eine Kompetenz enorm wichtig: die Fähigkeit, die eigene Aufmerksamkeit gezielt dorthin zu lenken, wo sie *Ihnen* nützt. Sich nicht im Sensationsgeschrei zu verlieren, sondern die eigenen Interessen an die erste Stelle zu bringen. Das Motto »Ich zuerst« gilt auch hier. Der bequemste Umgang mit der wilden Welt der Information besteht darin, gezielt abzuschalten. Ganz bewusst die Tür zuzumachen.

Ungestörte Zeiten

Ich hätte nie ein Buch geschrieben, wenn ich ständig erreichbar gewesen wäre. Beim Schreiben schotte ich mich ab. Tagsüber bin ich mindestens für vier Stunden nicht ansprechbar. In dieser Zeit ist es mir egal, was andere von mir wollen. Da zählt nur das, was ich will. Die wilde Welt der Information muss warten, bis ich mich ihr zuwende. In dem Zimmer, in dem ich Bücher schreibe oder Seminare vorbereite, gibt es kein Telefon, kein Fax, kein Internet. Wenn ich die Tür zumache, herrscht Ruhe. Wer mich kennt und mit mir zusammenarbeitet, hat sich darauf eingestellt. Ich beantworte alle Anfragen und schicke Grüße in die weite Welt – aber zu meiner Zeit. Damit frustriere ich nur die Hektiker, bei denen es immer »dringend« ist. Alle anderen respektieren meine Arbeitsweise.

Am Anfang hat mich dieses Abschotten etwas Mut gekostet. Es geht nur, wenn wir selbstsicher sind. Sicher genug, um darauf zu vertrauen, dass wir nichts verpassen. Dass uns keine wichtigen Kunden abhanden kommen und wir keine Aufträge verlieren. Dass keine Katastrophen passieren, wenn wir nicht ans Telefon gehen. Sich abschotten ist nichts für Angsthasen. Allerdings wächst die Selbstsicherheit, wenn wir merken, dass durch den Rückzug mehr Qualität entsteht. Wir können konzentrierter arbeiten, genießen unsere ungestörte Freizeit.

Wer sich ständig unterbrechen lässt, erstickt irgendwann in angefangenen Arbeiten und unvollendeten Aufgaben. Indem Sie sich regelmäßig zurückziehen, bringen Sie mehr Qualität in Ihren Alltag.

Statt alles auf einmal zu erledigen, haben alle Dinge ihren Zeitraum gefunden.

Wenn Sie beruflich und privat sehr eingespannt sind, kann es sein, dass Sie es schwierig finden, sich unerreichbar zu machen. Wahrscheinlich glauben Sie, dadurch den Kontakt zu verlieren oder andere zu enttäuschen. Tatsächlich aber sind störungsfreie Zeiten ein Gewinn. Ihr Alltag wird produktiver und einfacher. Sie sind mehr bei der Sache und weniger zerstreut. Die drei wichtigsten Argumente fürs Abschalten habe ich Ihnen hier zusammengestellt.

Drei gute Gründe, um den Ausknopf zu drücken

- **Langfristige Ziele verfolgen**
  Gute Ideen und packende Projekte sind wie eine tiefe Liebe. Sie dulden keine Nebenbuhler. Alle großen Werke sind durch ungeteilte Aufmerksamkeit entstanden. Jede Unterbrechung bedeutet, dass Sie in etwas anderes verwickelt werden. Etwas, das Sie vom Wesentlichen ablenkt. Sorgen Sie für ablenkungsfreie Zeiten, in denen Sie sich ungestört Ihrer großen Liebe widmen können.
- **Arbeiten zu Ende bringen**
  Wer sich ständig unterbrechen lässt, erstickt irgendwann in angefangenen Arbeiten und unvollendeten Aufgaben. Alle halben Sachen kreisen im Kopf herum. Eine lange Aufgabenliste frisst sich im Gehirn fest und sorgt für Daueranspannung. Hier fehlt eine eindeutige Abgrenzung. Tür zu und ein gut lesbares »Bitte nicht stören«-Schild können Wunder wirken.

- **Weniger Geschwafel**
  Immer ansprechbar sein fördert das Herumlabern. Wenn Sie ständig erreichbar sind, ermuntert das andere, davon Gebrauch zu machen. Mit Ihnen kann man schwatzen, wenn einem danach ist. Und so landet der Gedankensalat anderer Leute bei Ihnen. Da hilft nur eins: Legen Sie knappe Sprechzeiten fest, damit die Leute auf den Punkt kommen.

Offline und unplugged: gezielt abschalten

Spielregeln der Erreichbarkeit

Für jedes Dasein gibt es auch eine Abwesenheit. Für jedes Ansprechbarsein auch ein Verschlossensein. Und das regeln Sie. Sie bestimmen, wer zu welchem Zeitpunkt Ihre Aufmerksamkeit bekommt. Das gilt für den Beruf ebenso wie für das Privatleben. Sie können Ihre Kollegen und Vorgesetzten daran gewöhnen, dass Sie zu bestimmten Zeiten ungestört arbeiten wollen.

Wie Sie das zu Hause machen, hängt davon ab, ob Sie Kinder haben und wie klein die noch sind. Ich habe Mütter und Väter getroffen, die es mit viel Hartnäckigkeit geschafft haben, trotz ihrer drei Kinder jeden Tag eine Auszeit von der Familie zu nehmen. Ein Vater hat das seine »Übergangszeit« genannt. Wenn er zu Hause ankam, stürzten sich alle auf ihn: »Mir war das zu viel. Ich kam zur Tür rein und war in Gedanken noch im Büro. Aber da klammerten sich schon die Kinder an meinen Beinen fest. Die Lösung bestand darin, dass ich mich jeden Tag zuerst für zwanzig Minuten zurückziehe, in unserem Schlafzimmer. So komme ich zur Ruhe und kann mich danach ganz auf meine Familie einstellen.«

Suchen Sie sich einen Ort der Ruhe, an dem Sie zu sich kommen und relaxen können.

Für viele Frauen ist es immer noch etwas schwerer, sich diese Auszeit von Kindern und Familie herauszunehmen. Bei ihnen ist der Anspruch, immer für andere da zu sein, um einiges größer. Eine Mutter dazu: »Ich habe schon beim ersten Kind gemerkt, dass ich keine Vollzeit-Mutter bin. Ich liebe meine Kinder, aber ich brauche auch Zeit für mich. Sonst werde ich langsam aber sicher giftig. Also haben mein Mann und ich eine Regelung gefunden, sodass ich mich einmal am Tag zurückziehen kann. Ich habe mittlerweile ein Zimmer für mich allein und dort male ich wieder. Das Malen habe ich aufgegeben, als wir unser erstes Kind bekamen, aber das Kreativsein hat mir immer gefehlt. Es hat ein paar Monate gedauert, bis meine Kinder sich daran gewöhnt hatten, dass ihre Mutti zwar im Haus ist, aber nicht gestört werden will. Auch ich musste mich am Anfang sehr zusammenreißen, um nicht bei jedem Kindergeschrei aus dem Zimmer zu laufen und nachzuschauen, was da los ist. Ich habe gelernt, dass mein Mann genauso gut mit den Kindern umgehen kann wie ich. Für uns alle ist das letztlich ein großer Gewinn. Seit ich wieder male, bin ich ausgeglichener.«

Sich zu bestimmten Zeiten zurückzuziehen ist nicht herzlos, sondern professionell. Damit sorgen Sie dafür, dass Ihr Geben und Ihre Leistungen auf einem hohen Niveau bleiben. Für Ihre Mitmenschen ist es leichter, wenn alle Ihren Rückzug deutlich erkennen. Sonst gibt es jedes Mal ein Rätselraten, ob Sie jetzt ansprechbar sind oder nicht. Ich habe hier noch einige Tipps für Sie, mit denen Sie sich Ihren Rückzug erleichtern können. Prüfen Sie, welche davon für Sie brauchbar sind.

Sich zu bestimmten Zeiten zurückzuziehen ist nicht herzlos, sondern professionell. Damit sorgen Sie dafür, dass Ihr Geben und Ihre Leistungen auf einem hohen Niveau bleiben.

Die Kunst, nicht erreichbar zu sein

- **Legen Sie Zeiten fest, in denen Sie sich zurückziehen**
  Bestimmen Sie selbst, wann Sie sich abschotten. Und warten Sie damit nicht, bis es mal »günstig ist« oder »sich ergibt«. Da könnten Sie Pech haben und bis zum Renteneintritt warten. Wer viel um die Ohren hat, braucht täglich seine Rückzugszeit. Gewöhnen Sie Ihre Mitmenschen daran.

- **Ein Platz zum Ausspannen**
Gehen Sie raus aus dem Trubel und suchen Sie sich einen Ort zum Relaxen. Egal, ob es nun Ihre Garage, ein verträumtes Bushaltestellenhäuschen oder Ihr Badezimmer ist – Hauptsache Sie können sich dort gut erholen. Manchmal sind auch Spaziergänge oder das Herumfahren mit dem Fahrrad eine gute Möglichkeit, abzuschalten.

- **Lassen Sie Ihr Handy öfter zu Hause**
Wenn Sie mal unerreichbar sind, bricht nicht alles gleich zusammen. Nehmen Sie Ihr Handy gezielt mit, wenn es wirklich Sinn macht. Ansonsten gehört es in die Schublade. Mein Lieblingsdialog zum Thema Handy: »Ich hab die letzten drei Tage ständig versucht, dich auf deinem Handy zu erreichen. Du bist nie rangegangen.« »Oh, tut mir Leid. Ich war unterwegs.«

- **Keine Dauerberieselung**
Eine neue Art geistiger Fitness: Informationshygiene. Sich gezielt informieren, statt dauernd berieselt zu werden. Trennen Sie die Spreu vom Weizen und stellen Sie den überflüssigen Infoquark ab. Fernsehen und Radio bewusst an- und abschalten.

- **Abstand herstellen**
Briefkasten und Anrufbeantworter sind gute Puffer, mit denen Sie Distanz schaffen können. Sie bestimmen, wann Sie sich mit den Botschaften anderer Leute beschäftigen wollen. Auch hier hilft es, wenn Sie die Arbeit bündeln. Legen Sie einen Zeitraum fest, um Telefonanrufe abzuhören, Briefe und Mails zu beantworten.

Nichts tun bedeutet in der Tat,
etwas sehr Wichtiges zu machen.
Es gestattet dem Leben sich zu ereignen – Ihrem Leben.
Nichts tun ist etwas wirklich Grundsätzliches.

David Kundtz

Das süße Nichtstun

Manfred litt unter einer Schreibblockade. Er arbeitete als Redakteur in einer kleinen Tageszeitung, im Ressort für Lokales. Tag für Tag schrieb er Meldungen und kleine Artikel über das, was in der näheren Umgebung so los war. »Klatsch, Tratsch und kleine Skandale«, sagte Manfred, »davon lebe ich.« Er war schon fast zehn Jahre lang Journalist und verkörperte ein wenig den Typ des rasenden Reporters. Hoher Kaffeekonsum, Drei-Tage-Bart, wehender Trenchcoat, immer auf der Jagd nach Neuigkeiten. Und er war überarbeitet. »Ich habe bei dieser Zeitung mit dem Lokalteil angefangen, aber mittlerweile mache ich auch noch die Fernsehseite und den Sport.« Manfred gehört zu den dienstältesten Mitarbeitern in der Redaktion. Und wie ein dehnbares Gummiband glich er jeden Personalnotstand aus. »Die Zeitung muss raus. Jeden Tag«, erklärt er. Das klappt auch, aber seit einiger Zeit hat er diese Schreibblockade. »Ich sitze vor dem Bildschirm und komm nicht voran. Mein Kopf ist leer und mir fallen einfach keine Sätze ein.« Natürlich weiß Manfred, woran das liegt. Niemand muss ihm sagen, dass er zu viel arbeitet. Er durchschaut das alles. Trotzdem ist es schwer für ihn, sich mehr Erholung zu verschaffen. Im Laufe der Jahre hat er sich völlig mit seinem Job identifiziert. Er ist mit ihm verschmolzen. Und deshalb konnte Manfred auch nach Dienstschluss nie richtig abschalten. Wenn er zufällig abends in der Kneipe hörte, dass der Trainer vom örtlichen Sportverein ausgewechselt wird, überlegte er sich dazu eine Überschrift. Dieses ständige Im-Job-Sein hatte seinen Preis. Sein Privatleben verkümmerte und nun nahm auch noch seine Leistungsfähigkeit ab. Die Schreibblockade war ein Warnsignal, das er nicht übersehen konnte.

Wenn das Nichtstun fehlt, verabschiedet sich unsere Leistungsfähigkeit.

Wenn wir über einen zu langen Zeitraum keine richtige Erholung finden, beginnen Körper und Seele damit, uns Störungsmeldungen zu schicken. Warnsignale, die uns zeigen: »Achtung, hier stimmt etwas nicht«. Oft sind es nur kleine Fehlleistungen, ein leichtes Unwohlsein, eine zunehmende Gereiztheit. An sich kein Grund zur Sorge und deshalb werden diese Miniplagen auch häufig übersehen. Man hat eben einen schlechten Tag oder ist mit dem falschen Fuß aufgestanden oder schiebt die Schuld aufs Wetter. Aber diese kleinen Störungen sind wertvolle Hinweisschilder, die uns zeigen, dass wir unser Gleichgewicht verlieren und in eine krankmachende Einseitigkeit rutschen.

Hier sind die häufigsten Warnsignale, die anzeigen, dass Sie zu viel arbeiten.

Daran erkennen Sie, dass Ihnen Ruhe und Erholung fehlen

- **Das Süchteln nimmt zu**
  Sie greifen öfter als gewöhnlich zur Zigarette. Sie trinken häufiger ein oder zwei Gläser von Ihrem alkoholischen Lieblingsgetränk, um zu entspannen. Sie essen mehr Süßigkeiten als sonst, trinken mehr Kaffee, um munter zu bleiben.
- **Schlafprobleme**
  Abends im Bett fällt es Ihnen schwer, einzuschlafen. Sie bleiben wach und Ihnen gehen die verschiedensten Gedanken durch den Kopf. Wenn Sie nachts aufwachen, dreht sich das Gedankenkarussell weiter und Sie können nur schwer wieder einschlafen.
- **Das Verständnis für andere nimmt ab**
  Sie merken, dass Sie sich über Seltsamkeiten anderer Leute leichter aufregen. In entspannten Zeiten konnten Sie die Macken Ihrer Mitmenschen einfach übersehen. Wenn Ihnen die nötige Erholung fehlt, sind Sie schneller genervt. Sie reagieren gereizt, vor allem, wenn etwas nicht klappt oder andere zu langsam sind.
- **Mangelnde Aufmerksamkeit**
  Sie merken, dass Sie häufiger zerstreut sind. Mitten im Gespräch stellen Sie fest, dass Sie Ihrem Gegenüber nicht zugehört haben, weil Sie mit Ihren Gedanken woanders waren. Sie suchen Ihre Haustürschlüssel und wissen nicht mehr, wo Sie die Kreditkarte gelassen haben. Während Sie darüber nachdenken, sind Sie mit dem Auto falsch abgebogen. Die Flüchtigkeitsfehler nehmen zu.
- **Die Genussfähigkeit nimmt ab**
  Sie sind auf das fixiert, was Sie zu tun haben, die kleinen Freuden am Wegesrand lassen Sie links liegen. Alles

dreht sich nur noch darum, dass Sie Ihr Pensum schaffen. Das Schauen, Spüren, Genießen fällt ganz leise aus Ihrem Alltag heraus. Und wenn Sie Zeit haben, dann rüsten Sie sich dafür, am nächsten Tag Ihr Pensum zu schaffen. Der Duft der Rosen spielt dabei keine Rolle.

Kein Rädchen im Getriebe sein

Zu viel Job und zu wenig Ausgleich führen nicht zum Erfolg, sondern ins Aus.

Die Medizin dagegen ist schlicht und unkompliziert: die Identifikation mit der Arbeit auflösen. Nicht gleich den Job kündigen, aber wieder eine eigenständige Person werden. Eine Person, die einen Job *hat*, aber nicht ihr Job *ist*. Für Manfred hieß das, sich täglich aufs Neue vom Journalistendasein zu lösen und nach der Arbeit wirklich Feierabend zu machen.

Lösen Sie sich jeden Tag von Ihrer Berufsarbeit. Sie haben einen Job, aber Sie *sind* nicht Ihr Job.

Was Manfred fehlte, war das Nichtstun. Sein Tag bestand aus Machen. Er lieferte Leistung ab, aber es gab nicht genügend leistungsfreie Zeit. Dabei bedeutet Nichtstun nicht unbedingt, keinen Finger mehr zu rühren, sondern nur ohne Druck und ohne Leistungszwang zu sein. Nichts produzieren und kein Rädchen mehr im Getriebe sein.

Manfred nahm die Schreibblockade als Warnsignal ernst. Er brauchte ein Gegengewicht zu seiner Arbeit. Nachdem er das erkannt hatte, entwickelte er seine ganz eigene Art des Nichtstuns. Er fing wieder an, Schlagzeug zu spielen. Rhythmen und Trommeln waren früher seine große Leidenschaft gewesen. Bevor er seine Stelle als Redakteur antrat, hatte er zwei Jahre lang mit Freunden Musik gemacht. Später, als er bis zum Hals in Arbeit steckte, hatte er seine Leidenschaft aus den Augen verloren. Aber jetzt fing er wieder an, Schlagzeug zu spielen und er nahm Kontakt zu seinen alten Freunden auf. Mit anderen Musik zu machen, war immer noch etwas, was er von Herzen gern tat. Hier musste er nichts abliefern und nicht viel denken. Musik war für Manfred genau das Gegenteil von dem, was sein Beruf von ihm forderte. Als er wieder Rhythmus im Blut hatte, verschwand seine Schreibblockade – einfach so. Und er hatte wieder ein Privatleben. Das war dann auch der Grund dafür, dass er in der Redaktion öfter Nein sagte. Er war nicht mehr dehnbar wie ein Gummiband und er glich nicht mehr selbstverständlich jeden Personalnotstand aus. Das führte zu Auseinandersetzungen mit Kollegen und dem Chefredakteur. Diese Konflikte waren für Manfred schwer zu ertragen. Aber als Journalist mit einer Schreibblockade zu arbeiten, war für ihn noch viel schwieriger gewesen.

Nichtstun heißt einfach nur da sein, ohne Leistungsdruck, ohne Terminstress.

Nichtstun gehört in den Terminkalender

Es gibt immer noch ein Vorurteil beim Thema Nichtstun und das lautet: Durch Nichtstun kommt nichts zustande. Nichtstun würde angeblich »nichts bringen«. Das ist vollkommen falsch. Ohne lange Zeiten des Nichtstuns hätte ich dieses Buch nie geschrieben. Jedes meiner Bücher und jedes Seminarkonzept entsteht aus einer Erholungspause heraus. Das sind Zeiten, in denen ich einfach ins Blaue hinein lebe, ohne etwas leisten oder etwas Besonderes zu wollen. Vertrödelte Stunden, bummelige Tage. Lange Liegezeiten auf dem Sofa, spazieren gehen und herumsitzen im Café. Zeiten, in denen meine Kreativität eine Wellnesskur macht und mein Wissen das Weite sucht. Wenn die beiden ausgeruht sind, kommen mir die guten Ideen wie von selbst. Dieses Nichtstun nenne ich auch »Arbeitszeit«, denn es ist die Grundlage dafür, dass mir etwas Neues einfällt. Selbstverständlich gibt es dafür einen Platz in meinem Terminkalender. Zu dieser Zeit bin ich ausgebucht und nicht erreichbar. Klar, ich könnte mehr arbeiten und die freien Tage mit Terminen besetzen. Aber dann würde ich den Ast absägen, der mich ernährt. Andauernde Geschäftigkeit wäre der Tod meines schöpferischen Denkens.

Nichtstun gehört in den Tagesablauf. Tragen Sie das Doppel-D für »Däumchen drehen« in Ihren Terminkalender ein.

Unser Geist, unsere Intelligenz lassen sich nicht ausbeuten wie ein Bergwerk. Der Journalist, der unter einer Schreibblockade leidet, weiß das. Ebenso der Werbetexter, dem nichts mehr einfällt. Zu viel Tun lässt unsere Inspiration verkümmern.

Wenn Sie mit weniger Arbeit mehr erreichen wollen, brauchen Sie immer wieder Abstand zu dem, was Sie tun. Besinnungszeit. Nichtstun gehört deshalb in den Tagesablauf. Wenn Sie jemand sind, der viel beschäftigt ist, dann tragen Sie die Erholungspausen am besten in Ihren Terminkalender ein. Mit einem dicken Filzstift. Hier sind drei

Vorschläge von mir für Ihre tägliche Verabredung mit dem Müßiggang.

Nehmen Sie sich Zeit fürs Nichtstun

- **Däumchen drehen**
  Tragen Sie in Ihren Terminkalender häufiger ein DD für »Däumchen drehen« ein. Setzen Sie das Doppel-D zwischen zwei wichtige Termine. So bekommen Sie den nötigen Abstand von einer Aktivität und können sich leichter auf die nächste einstellen. Nehmen Sie sich für jedes Doppel-D zehn bis zwanzig Minuten Zeit.

- **Das Meeting mit der Stille**
  Legen Sie täglich eine Konferenz fest, die Sie nur mit sich selbst abhalten. Eine Verabredung mit dem Nichtstun. Einziger Tagesordnungspunkt: die Gedanken zur Ruhe bringen. Setzen Sie sich bequem hin und gucken Sie den Wolken nach. Lassen Sie die Gedanken einfach dahinplätschern, ohne sich darum zu kümmern.

- **Die Zeit anhalten**
  Wo immer Sie gerade sind, tauchen Sie in die Gegenwart ein. Lassen Sie alle Gedanken los, die sich mit der Vergangenheit oder Zukunft beschäftigen. Schweifen Sie nicht in die Ferne. Stellen Sie fest, was *jetzt* da ist. Erleben Sie diesen Augenblick. Genießen Sie den Moment und öffnen Sie Ihre Sinne. Schauen Sie sich um. Fühlen Sie Ihren Körper. Lauschen Sie dem Sound der Straße. Schnuppern Sie mal: Welchen Geruch hat das Jetzt?

An welchem Punkt wird die Arbeit anstrengend?

Vergleichen Sie sich nicht mit anderen Menschen. Was die schaffen oder nicht schaffen, ist für Sie kein Maßstab. Folgen Sie Ihrem eigenen Leistungsvermögen.

Jeder von uns hat sein ureigenes Leistungsvermögen und sein individuelles Bedürfnis nach Erholung. Wir können uns nicht mit Kollegen oder Freunden vergleichen. Was die leisten oder nicht leisten, ist für uns kein Maßstab. Streichen Sie den Satz: »Das muss ich schaffen, andere schaffen das doch auch.« Es gilt vielmehr: Guck nicht nach den anderen, sondern erkenne dich selbst. Selbsterkenntnis ist der Knackpunkt, wenn es um die richtige Balance zwischen Arbeit und Entspannung geht. Selbsterkenntnis heißt, dass wir aufmerksam werden für unseren Körper, für unsere Stimmung und für die Gedanken, die wir uns machen. Finden Sie heraus, an welchem Punkt eine Arbeit anstrengend wird und was Ihnen hilft, um sich gut davon zu erholen.

Zum Beispiel bei der Computerarbeit: Wann haben Sie lange genug vor dem Bildschirm gesessen? Merken Sie das an den Verspannungen in Ihren Schultern? Oder strengen Sie Ihre Augen zu sehr an? Werden Sie unkonzentrierter und machen Sie mehr Fehler? Welche Art von Pausen tut Ihnen gut? Ist es für Sie besser aufzustehen und sich zu bewegen oder sich hinzulegen und die Augen zu schließen? Finden Sie heraus, wann etwas für Sie zu viel wird und haben Sie den Mut, sich *nicht* zu überanstrengen. Folgen Sie Ihrem eigenen Leistungsvermögen. Falls Sie vor der Entscheidung stehen, ob Sie lieber eine Pause einlegen oder durchpowern sollen, dann denken Sie an diese beiden Worte: Ich zuerst.

Ausruhen ohne Schuldgefühle

Um in einer Leistungsgesellschaft bewundert zu werden, legt man sich am besten ein kerniges Image zu. So etwas wie »Ich strotze vor Energie und Tatendrang«. Das kommt an. Aber wenn alle so hyperaktiv herumlaufen, ist es schwierig, sich für den Müßiggang zu entscheiden. Das Faulenzen wird meistens nicht bewundert. Deshalb verstecken viele Menschen ihr Nichtstun und verschweigen, dass sie manchmal total abschlaffen. Wenn überhaupt, wird darüber nur mit ganz engen Freunden geredet. Manche schämen sich sogar dafür, dass sie den ganzen Sonntag im Bett verbringen, dabei abwechselnd essen, schlafen und fernsehen. Nein, viele erzählen das lieber nicht, wenn der Chef am Montag fragt: »Na, wie war Ihr Wochenende?«

Richtig faulenzen ist ganz normal und sogar gesund.

Wenn über das Ausspannen so selten geredet wird, entsteht ein falscher Eindruck. Man bekommt schnell das Gefühl, dass alle anderen nimmermüde Aktivisten sind, aber man selbst verbummelt die Zeit. Hinzu kommt, dass selbst die Erholung nicht frei von Status- und Prestigedenken ist. Wenn die Powertypen mal ausspannen, dann ist es exklusiv und »bringt was«. Das Supersein setzt sich auch in der Freizeit fort. Nicht einfach im Sommer am Baggersee liegen, sondern ein Kurztrip nach Südfrankreich, weil es dort die besten Thalasso-Kuren gibt. Und da wird auch nicht im Liegestuhl auf der Terrasse gedöst, sondern ein Meditationsretreat in Finnland besucht.

Nichts gegen tolle Reisen, aber in diesem Buch geht es um das Einfache. Das, was Sie jederzeit vollkommen mühelos für sich tun können, ohne Schuldgefühle und ohne hohe Nebenkosten. Es sind die kleinen Ruhepausen, die jeder von uns sofort in seinen Alltag einbauen kann – ohne großen Aufwand. Denn das, was leicht zu machen ist, wird auch tatsächlich im Alltag umgesetzt.

Wenn ich in meinen Seminaren über den gewöhnlichen kleinen Schlendrian rede, stellen viele Teilnehmer erleichtert fest, dass andere Leute sich auch manchmal hängen lassen und dass das Abschlaffen vollkommen normal, ja sogar gesund ist. Ich liebe diese einfachen Vergnügungen, mit denen wir unsere Batterien wieder aufladen. Nun sind Menschen sehr verschieden und so sieht auch der Schlendrian bei jedem etwas anders aus. Was für den einen himmlisch ist, kann für jemand anderen langweilig sein. Aber diese Vielfalt ist auch ganz anregend. Ich habe Ihnen hier die Vergnügungen zusammengestellt, die meine Seminarteilnehmer am häufigsten genannt haben. Vielleicht finden Sie noch etwas Nettes für sich.

Die kleinen Wonnen zwischendurch

- Eine Tasse Tee und ein Blick ins Grüne.
- Am Sonntag bis Mittag im Bett bleiben und dann den ganzen Tag im Schlafanzug herumlaufen.
- Auf dem Sofa liegen und Luxuspralinen naschen.
- Einen Spaziergang machen und Sitzgelegenheiten mit schönen Aussichten suchen.
- Ein ausgiebiges Wannenbad, dabei Herz-Schmerz-Balladen hören und laut mitsingen.
- Zeichentrickfilme im Fernsehen gucken.
- Räucherstäbchen anzünden, Popmusik der 60er-Jahre auflegen und kräftig abtanzen.

Das tägliche Nichtstun:
eine Tasse Tee und ein Blick ins Grüne

- Alte Liebesbriefe lesen und anschließend einen schreiben.
- Wassermelone oder Kirschen essen und mit den Kernen das Weitspucken üben.

Nur noch genießen

Nichtstun ist das Tor, das zum Genuss führt. Und Genuss ist wirklicher Reichtum. Letztlich ist Genuss der Grund, warum Menschen so viel Geld verdienen wollen. Sie möchten sich davon tolle Sachen kaufen: ein Haus am Stadtrand und ein Ferienhaus in der Provence, ein Motorboot und einen Wagen der S-Klasse. Wozu das alles? Genießen – darauf läuft das ganze Reichsein hinaus. Mit allen Sinnen das Leben auskosten. Für dieses Ziel nehmen viele Menschen eine Menge Schinderei auf sich. Sie legen sich krumm, um das Geld dafür zu verdienen. Aber wir können auch ohne diese Anstrengung sofort genießen. Hier eine simple Übung dazu.

Das Alltägliche zu genießen, ist wirklicher Reichtum.

Wechseln Sie ins Nichtstun und dann machen Sie sich reich. Beispielsweise so: Greifen Sie sich eine Tüte Chips oder Ihre Lieblingsschokolade und essen Sie jedes Stück ganz bewusst. Schmecken Sie jeden Bissen, so als wäre es der erste in Ihrem Leben. Das geht auch mit Karotten und Bananen, aber mit sündigen Lebensmitteln, die nicht in die Diätpläne passen, macht es einfach mehr Spaß. Bleiben Sie achtsam und lassen Sie sich nicht ablenken. Genuss braucht eine

Wechseln Sie ins Nichtstun. Genießen Sie diesen Augenblick, diesen Moment Ihres Daseins.

gewisse Langsamkeit, eine entspannte Ruhe. Sie müssen nicht alles aufessen, aber Sie brauchen sich auch nicht einzuschränken. Es gibt nichts zu erreichen. Das Gleiche können Sie auch mit anderen Tätigkeiten ausprobieren. Es kommt nicht so sehr darauf an, *was* Sie tun, sondern *wie* Sie es tun. Achtsamkeit ist wichtig. Die Fähigkeit, mit allen Sinnen dabei zu sein. Diesen Augenblick des Vergnügens ganz und gar zu erleben.

Falls Sie mich fragen, wie viel Genuss man sich auf diese Weise gönnen sollte, lautet meine Gegenfrage: Wie reich wären Sie denn gerne?

Das Leben ist keine Aufgabe.
Es gibt wirklich nichts zu erreichen,
bis auf die Erkenntnis,
dass es absolut nichts zu erreichen gibt.

Tony Parsons

Anstelle eines Nachwortes:

Lilien auf dem Felde

Glauben Sie an Träume? Ich meine die Träume in der Nacht, mit denen man manchmal morgens aufwacht. Bedeuten sie etwas? Oder dienen sie nur der Unterhaltung, damit das Schlafen nicht so langweilig ist? Viele werden schnell wieder vergessen, aber es gibt Träume, die sind eindrucksvoll. So eindrucksvoll, dass man nach dem Aufwachen nicht weiß, ob man das geträumt hat oder ob es tatsächlich passiert ist. Einen solchen Traum möchte ich Ihnen hier erzählen. Wenn Sie ihn lesen, merken Sie vielleicht, dass es auf eine eigenartige Weise nicht nur mein Traum ist.

Er beginnt so: Ich bin auf einem großen Bahnhof und steige in einen modernen Zug ein. Komfortable Ausstattung, breite Sitze und nicht allzu viele Fahrgäste. Ich suche mir im Großraumwagen einen schönen Sitzplatz und verstaue meine Koffer. Der Zug fährt gerade los, da entdecke ich einige seltsame Leute. Sie stehen mit ihrem Gepäck im Gang, obwohl es überall noch genügend Sitzplätze gibt. Aber noch seltsamer ist, dass sie beim Stehen ihr

Gepäck tragen. Sie haben Taschen, Tüten und große Koffer dabei. Alles halten sie fest in ihren Händen, während der Zug fährt. Ich werde neugierig und frage einen Mann, der mit zwei Koffern direkt neben mir steht: »Wollen Sie Ihre beiden Koffer nicht abstellen und Platz nehmen?« Er schaut zu mir herunter und sagt mit ernster Miene: »O nein, das Herumsitzen ist nichts für mich. Das ist mir zu langweilig. Ich brauche die Herausforderung. Man will ja schließlich etwas erreichen im Leben.« Eine Frau, die neben ihm steht und in jeder Hand zwei große Taschen trägt, nickt mit dem Kopf: »Ja, das geht mir auch so. Ich bin einfach ehrgeizig. Ich will vorankommen und etwas leisten. Und dazu stehe ich auch!« Ich sage zu den beiden: »Aber es wäre doch leichter, wenn Sie Ihr Gepäck einfach abstellen würden.« Der Mann schüttelt den Kopf: »Wer es zu etwas bringen will, der muss sich auch Mühe geben. Mein Vater sagte immer: Ohne Fleiß kein Preis. Sehen Sie, diesen robusten Lederkoffer habe ich von ihm geerbt. Da geht viel rein.« Der Mann zieht den Koffer ein Stück höher. Sein Arm zittert dabei ein wenig. Die Frau mit den großen Taschen sagt: »Das ist alles eine Sache der Motivation. Ich sage mir immer wieder: Du willst es und du schaffst es. Damit bin ich schon weit gekommen. Und wenn ich es dann irgendwann geschafft habe, dann werde ich es mir so richtig gut gehen lassen, mich hinsetzen und die Beine ausstrecken.« Ich wollte gerade sagen, dass sie sich doch gleich hinsetzen könne, da höre ich eine Stimme: »Die Fahrkarten bitte!« Eine Frau in einer himmelblauen Uniform geht durch den Wagen. Ich zeige ihr meine Fahrkarte und als sie sich zu mir herunterbeugt, frage ich sie leise: »Was ist mit diesen Leuten? Haben die keinen Sitzplatz reserviert?« Die Frau knipst meine Fahrkarte und antwortet: »Jeder kann es sich so bequem machen, wie er will. Diese Fahrgäste möchten lieber stehen und ihr Gepäck tragen.« Dann beugt sie sich noch etwas weiter zu mir und sagt: »Wissen Sie, diese Leute glauben, dass der Zug nur dann fährt, wenn sie ihr Gepäck selbst tragen.« Ich fragte erschrocken: »Und stimmt das?« Die Frau in Blau lächelt und flüstert mir zu: »Ich verrate Ihnen jetzt ein Dienstgeheimnis. Es ist egal, ob man seine Last trägt oder loslässt. Das spielt keine Rolle. Jeder Fahrgast kommt an seinem Zielbahnhof an. Und zwar zu seiner Zeit.« Ich wollte gerade noch eine Frage stellen, da unterbricht sie mich, wünscht mir noch einen guten Tag und geht weiter.

Genau an dieser Stelle wachte ich auf. Wie gut, dass es nur ein Traum war. Denn in Wirklichkeit würde sich doch niemand die Mühe machen und in einem fahrenden Zug sein Gepäck tragen. Oder?

Ich wünsche Ihnen eine angenehme Reise. Und machen Sie es sich bequem.

Übersicht für Überflieger

Sie stecken gerade bis zum Hals in Arbeit und haben keine Zeit, dieses Buch gründlich durchzulesen? Oder wollen Sie mühelos zu Wissen und Weisheit kommen? Das ist alles kein Problem. Hier finden Sie fünfzig der besten Tipps aus diesem Buch – gebündelt und aufgelistet. Die reine Ratgeberessenz – auf die bequeme Tour.

Die 1000 Dinge beruhigen

Versinken Sie nicht im Kleinkram

Lebensweise und Nistplätze des Alltagskrams

Erkennungsmerkmale:

Kleinkram sieht harmlos aus. Er tarnt sich als Bagatelle und hat das Image, man könnte schnell mit ihm fertig werden. Er wird häufig von den Worten begleitet: »Ich darf nicht vergessen ...« oder »Ich muss unbedingt daran denken ...«

Vorkommen:

Kleinkram tritt immer im Rudel auf. Dabei schließen sich mehrere unterschiedliche Arbeiten zusammen und wollen möglichst sofort erledigt werden.
Verhalten im Alltag: Kleinkram wird gerne aufdringlich und neigt dazu, sich ständig in den Vordergrund zu spielen. Es gibt Kleinigkeiten, die es schaf-

fen, sofort beachtet zu werden. Sie erzeugen zusätzlichen Druck mit den Worten »eilt!«, »schnell!«, »ganz dringend!«.

Nistplätze:

Kleinkram fühlt sich überall wohl, aber prinzipiell ist er darauf aus, sich in den Köpfen der Menschen breit zu machen. Dort kann er dann rund um die Uhr drängeln. Zwischenstationen sind Papierstapel auf Schreibtischen, Ablagekörbe, Notizen neben dem Telefon sowie Zettel und Listen, die sichtbar aufgehängt werden.

Ursprung des Kleinkrams:

Jede Verpflichtung, die wir eingehen, erzeugt im Laufe der Zeit kleine Aufgaben. Dinge, die zu erledigen sind. Oft erkennen wir am Anfang noch nicht das ganze Ausmaß des Kleinkrams, der damit verbunden ist. Die einfache Formel lautet: Viele Verpflichtungen – viel Kleinkram.

Heimtückischer Kleinkram:

Es gibt Kleinigkeiten, die tyrannische Züge entwickeln können. Dazu gehören beispielsweise Möbel zum Selbstaufbauen. Der niedrige Preis verführt zum Kauf, oft mit dem Irrglauben, das Zusammenbauen würde nur ein paar Minuten dauern. Aber hier schlägt der heimtückische Kleinkram unerwartet zu. Die Bauanleitung ist unverständlich, die beiden entscheidenden Schrauben fehlen, das Ganze dauert Stunden, die Nerven liegen blank, Paare streiten sich, das Möbelstück landet halb fertig im Keller.

So bändigen Sie den Kleinkram

Bürden Sie sich nicht zu viel auf:

Der Kleinkram wächst dort, wo Sie Verpflichtungen eingehen: Kinder, Beruf, Ehepartner, Pflege der Mutter, Haus mit Garten, Vorsitzende im Sportverein und im Elternbeirat, Wohnwagen mit Dauercampingplatz. Wer auf vielen Hochzeiten tanzt, hat auch viel zu erledigen. Trennen Sie das Wichtige vom Unwichtigen. Überprüfen Sie alle Verpflichtungen, die Sie eingegangen sind, ob Sie weiterhin dazu bereit sind. Wenn nein, dann weg damit. Und bei jeder neuen Verpflichtung, die Sie eingehen, denken Sie daran, dass Sie sich damit einen Sack voller Kleinigkeiten einhandeln.

Kleinkram mit links erledigen:

Die meisten Kleinigkeiten können mit wenig Energie erledigt werden. Also machen Sie sie nicht zu Ihrem Lebenswerk. Es reicht, wenn Sie hoppla-hopp die Sache hinbekommen. Sparen Sie sich Ihre Gründlichkeit für die wichtigen Dinge des Lebens. Alles Unwichtige wird mit dem kleinen Finger erledigt.

Aussortieren und wegwerfen:

Wer viel Zeug hat, ist arm dran. Verstopfte Schubladen und Regale, vollgestellte Küchenschränke, zugemüllter Keller oder Dachboden – zuerst geht die Übersicht verloren, dann wächst die Zeit zum Suchen. Wenn sich das Bedeutungslose in den Ecken Ihres Alltags festsetzt, hilft nur eins: Wegwerfen! Alles, was Sie zwölf Monate lang nicht in der Hand hatten, ist ein Kandidat für die Mülltonne (Altpapiersammlung, Kleidersammlung etc.).

Arbeiten bündeln:

Ersparen Sie sich unnötige Laufereien und fassen Sie ähnliche Aufgaben zu einem Paket zusammen. Briefmarken kaufen, Päckchen zur Post bringen, Girokonto bei der Bank eröffnen, Nachschlüssel für den Briefkasten machen lassen – das lässt sich alles in einem Rutsch erledigen. Einmal planen, alles Nötige bereitlegen und zusammen abhaken.

Nur Pflegeleichtes anschaffen:

Achten Sie bei Neuanschaffungen darauf, dass Sie sich damit keinen neuen Kleinkram einhandeln. So manches wunderschöne Stück oder Supersonderangebot entpuppt sich zu Hause als Belastung. Zum

Beispiel Kleidungsstücke, die nur gereinigt werden können. Die ziehen Flecken magisch an und kaum verschmutzt, fängt die Lauferei mit der Reinigung an. Oder die Sachen bleiben dreckig und verstopfen nutzlos Ihren Kleiderschrank. Seien Sie auch besonders kritisch bei (günstigen) Gebrauchtwagen, die oft in die Werkstatt müssen. Oder bei Möbeln, die noch mehr Pflege brauchen als ein Haustier. Vermeiden Sie Zierrat und anderen Klimbim, der Sie ständig erinnert, dass es Staub gibt.

Wie Sie die Energieräuber loswerden

Daran erkennen Sie einen Energieräuber:

Sie grübeln viel über eine Sache oder eine Person, aber ohne eine Verbesserung oder eine Lösung zu finden. Viel denken, aber keine Veränderung – das laugt aus.

Sie investieren viel Zeit, ohne dass es sichtbare Fortschritte gibt oder ohne dass Sie etwas davon haben. So vergeuden Sie viel Zeit, die Ihnen woanders fehlt.

Sie sind durcheinander, ärgerlich oder deprimiert. Energieräuber drücken die Stimmung und produzieren sehr häufig ein emotionales Drama. Viel Wind, aber es geht nicht voran.
Und alles wiederholt sich. Keine Ergebnisse und kein Ende in Sicht. Das Karussell dreht sich und Sie kommen nirgendwo an.

Energieräuber stoppen

1. Eine klare Entscheidung treffen.

Bevor Sie das Gespräch führen, kommen Sie mit sich ins Reine. Entscheiden Sie, was Sie beenden oder verändern wollen.

2. Drücken Sie Ihren Wunsch deutlich aus.

Teilen Sie Ihrem Gegenüber mit, was Sie nicht mehr wollen, worauf Sie sich nicht mehr einlassen. Es ist für den anderen leichter, wenn Sie Ihren Wunsch als Bitte formulieren. Begründen Sie Ihren Wunsch, aber nur kurz. Keine langen Rechtfertigungen. Wenn Ihre Bitte nicht ernst genommen wird, dann wiederholen Sie sie, dieses Mal noch nachdrücklicher. Aber vermeiden Sie dabei Vorwürfe und Du-bist-schuld-Sätze. Das würde nur zu einem Streit führen, der Sie wiederum Kraft und Zeit kostet.

3. Dem Energieräuber keine Energie mehr geben.

Wenn Sie das Gespräch geführt haben, dann bleiben Sie konsequent. Praktisch heißt das, immer wenn der Energieräuber versucht, Sie wieder anzuzapfen, sagen Sie »Nein«. Sie grenzen sich ab, klappen die Ohren zu oder gehen weg. Sie entziehen dem, was Sie nicht wollen, Ihre Aufmerksamkeit.

Verschwenden Sie keine Energie mehr ...

... an Tratsch- und Gerüchteküche.

Überhören Sie den Flurfunk. Keine Beteiligung mehr an: »Ich habe gehört, der Meier soll angeblich dem Schmidt gesagt haben, dass die Kleine aus der Buchhaltung ...« Oh, bitte aufhören!
Müheloses Stoppen: Weghören. Pfeifen Sie »Alle meine Entchen« vor sich hin. Selbst Ihr schlechtestes Pfeifen klingt immer noch besser als die Tratsch- und Klatschgeschichten.

... an Wichtigtuer und Angeber.

Nein, Sie ändern diese Leute nicht. Es gibt sie überall und sie wachsen ständig nach.

Müheloses Stoppen: Wenn in Sitzungen oder Meetings viel gelabert wird, ist es sinnvoll, die Redezeit generell auf zwei oder drei Minuten zu begrenzen. Die Ergebnisse sofort sichtbar notieren. Das zwingt alle dazu, bei der Sache zu bleiben. Ansonsten gilt: Nicht ärgern, sondern einfach nicht drum kümmern. Keine Aufmerksamkeit – das ist sowieso die härteste Strafe für alle, die nach Beachtung schreien.

... an Antreiber und Hektiker.

Hausgemachter Zeitdruck und alles ist dringend. Machen Sie Schluss mit dem Termindrama. Wehren Sie sich gegen die Tyrannei des Eiligen.

Müheloses Stoppen: Lassen Sie sich nicht in die Hektik verwickeln und legen Sie sich ein dickes Fell zu. Guter Satz zum Ruhe bewahren: »Das ist ganz eilig? Dann haben Sie ein interessantes Problem. Ich bin sicher, Sie werden Ihr Problem lösen« und dann ruhig weiterarbeiten.

... an endlose Problem- und Elendsgeschichten.

Es gibt zweifellos viele Menschen, die Probleme haben, aber Sie sind nicht rund um die Uhr dafür zuständig. Entweder Sie nehmen ein anständiges Beraterhonorar oder Sie verkürzen das Zuhören auf ein erträgliches Maß.

Müheloses Stoppen: Zuhörzeiten festlegen. »Nein, das passt mir jetzt nicht. Ruf mich morgen wieder an.« Oder: »Ich kann dir nur zehn Minuten lang zuhören.« Und auch mal was von den eigenen Problemen erzählen, statt immer nur für andere stark sein.

Raus aus der Überlastung

Setzen Sie sich selbst an die erste Stelle

Statt selbst zupacken, die Arbeiten verteilen.

Sie sehen, was zu tun ist und die Arbeit springt Sie an? Dann sind Sie die geborene Führungskraft. Benehmen Sie sich auch so. Kein klammheimliches »Ich mach das schon«. Sie haben den Überblick, also lenken Sie die Sache – ohne sich selbst dabei zu belasten. Verteilen Sie das, was zu tun ist, etwa so: »Folgende Arbeiten stehen an: Erstens ... Zweitens ... Wer übernimmt das? Und wer macht das hier?« Oder Sie sprechen einzelne Leute direkt an: »Ich bin völlig ausgelastet. Kannst du bitte Folgendes erledigen ...«

Sitzen bleiben und aushalten können.

Niemand will das tun? Jeder rechnet damit, dass Sie es nicht zur Katastrophe kommen lassen. Alles nur ein Rollenspiel. Wer immer die verantwortliche

Rolle übernimmt, hat in Windeseile lauter Leute um sich herum, die keine Verantwortung mehr übernehmen. Trainieren Sie sich hier ein extradickes Fell an. Lernen Sie es auszuhalten, dass Arbeiten liegen bleiben und Dinge den Bach runter gehen. Und Sie springen nicht auf, um den Karren aus dem Dreck zu ziehen. Eine Radikalkur, die sehr wirksam ist.

**Für jede Verpflichtung,
die Sie eingehen, wählen Sie eine andere ab.**

Mindestens eine. Bei großen Aufgaben können Sie auch gern zwei bis drei Verpflichtungen abgeben. Zum Beispiel, wenn Sie Mutter oder Vater werden, wenn Sie ein Haus bauen, eine Firma gründen oder wenn Sie das Megaprojekt abwickeln – dann ist es Zeit, gründlich auszusortieren und alles abzulehnen, was nicht hundertprozentig wichtig ist.

**»Bevor ich lange rede,
hab' ich das doch schon drei Mal erledigt.«**

Diesen Satz streichen Sie bitte ganz. Denn damit überlasten Sie sich. Sagen Sie den anderen, was zu tun ist. Sagen Sie es auch ein zweites und ein drittes Mal, für die ganz Begriffsstutzigen. Und dann kein langes Diskutieren, keine neuen Argumente. Klare Grenzen ziehen und stur bleiben: »Nein, dafür bin ich nicht zuständig.«

Lassen Sie unliebsame Arbeiten von anderen erledigen.

Kaufen Sie sich die nötigen Dienstleistungen. Holen Sie sich Putzhilfen, Gärtner, den Partyservice, Wäschereien mit Lieferbetrieb usw. Ja, ich weiß, das kostet Geld. Aber wenn Sie schon rechnen, vergessen Sie nicht, dass Sie selbst das Wertvollste in Ihrem Leben sind.

Kein Jammern, dass Sie so überlastet sind.

Wer jammert, will nur Dampf ablassen. Und wer herumjault, ist kurz davor, doch noch »Ja« zu sagen. Einfach klipp und klar beim Nein bleiben. Keine umständlichen Rechtfertigungen. Betteln Sie nicht um Verständnis beim anderen. Andere Leute haben ihre eigenen Interessen im Auge. Das ist ihr gutes Recht. Und wer kümmert sich um Ihre Interessen? Na klar, das können nur Sie. Also: Wie hätten Sie es gern?

Weniger tun, mehr erreichen

Geben Sie sich keine Mühe

Mühelos leben und arbeiten

Anstrengung ist keine Tugend.

Das Leben ist kein Jammertal und Arbeit darf Vergnügen sein. Verabschieden Sie sich von den alten Idealen, die besagen, dass man sein Geld im Schweiße seines Angesichts verdienen muss. Sie können sehr erfolgreich leben und arbeiten – ohne Mühe. Und wenn Sie schwitzen wollen, treiben Sie Sport.

Verdienen Sie Geld mit Ihren Talenten.

Das Leben ist anstrengend, wenn Sie ständig etwas tun müssen, was Ihnen nicht liegt. Arbeiten Sie mit Ihren Begabungen. Verdienen Sie Ihr Geld mit dem, was Sie gern tun. Beobachten Sie sich die nächsten Wochen im Alltag und halten Sie Ausschau nach dem, wofür Sie sich begeistern. Dort liegt Ihr persönlicher Schatz. Bringen Sie ihn ans Licht.

Tun Sie mehr von dem, was Ihnen Freude macht.

Gestalten Sie Ihre Arbeit so, dass Sie sie mögen oder wenigstens zum größten Teil. Sie haben das Recht, Ihrer Freude zu folgen. Damit nutzen Sie auch der Firma, für die Sie arbeiten. Wer begeistert arbeitet, ist produktiver als jemand, der einen mürrischen Dienst nach Vorschrift macht. Verhandeln Sie mit Ihren Vorgesetzten und Kollegen über eine Umverteilung der Arbeit. Tauschen Sie unliebsame Tätigkeiten gegen Ihre Lieblingsaufgaben aus. Sorgen Sie dafür, dass sich Ihre Talente bei der Arbeit richtig entfalten können.

Bei unangenehmen Arbeiten stoppen Sie Ihr Nein.

Wenn Sie, aus welchen Gründen auch immer, etwas tun wollen, was Sie eigentlich nicht mögen, dann gilt Folgendes: Stellen Sie Ihr inneres Nein ab. Stoppen Sie alle Gedanken, mit denen Sie sich einreden, wie schrecklich diese Arbeit oder Situation jetzt ist. Konzentrieren Sie sich nur auf das, was zu tun ist. Damit vermeiden Sie unnötige Reibung und Stress.

Der Knackpunkt oder tun Sie das, worauf es ankommt

Mühelos mit dem Knackpunkt arbeiten

Legen Sie fest,
welches Ergebnis Sie erreichen wollen.

Wenn Sie eine Bahnfahrt antreten, haben Sie zumindest eine grobe Richtung, in die Sie fahren wollen. Oft sogar einen konkreten Zielbahnhof. Um den richtigen Dreh zu finden, ist es sinnvoll, wenn Sie zumindest eine vage Vorstellung davon haben, was am Ende dabei herauskommen soll.

Zielen Sie ins Zentrum.

Konzentrieren Sie Ihr Denken auf das, worauf es im Kern ankommt. Zielen Sie ins Schwarze. Suchen Sie nach dem entscheidenden Clou, der die Sache voranbringt.
Was ist das Wesentliche, das zum Erfolg führt?

Suchen Sie nach Abkürzungen.

Was ist das Einfache, durch das Sie leichter zum Ziel kommen? Suchen Sie nach dem Faktor, der alles andere erleichtert. Gibt es eine Maßnahme, durch die Sie sich die langwierige Ochsentour ersparen können?

Entdecken Sie den Gebrauchswert.

Finden Sie heraus, was Sie selbst oder die Leute, für die Sie arbeiten, wirklich brauchen und nützlich finden. Hüten Sie sich vor der Ich-weiß-schon-Bescheid-Arroganz. Werden Sie absichtlich naiv und neugierig. Stellen Sie Fragen und hören Sie gut zu. Was brauchen Ihre Leute? Was brauchen Sie selbst?

Seien Sie neugierig auf Rückmeldungen.

Führen Sie immer wieder einen Warentest durch. Prüfen Sie, wie Ihre Leistungen oder Ideen ankommen. Suchen Sie sich gute Kritiker. Bitten Sie Ihre Leute (Vorgesetzte, Kunden, Teilnehmer, Zuhörer, Klienten etc.) um Rückmeldung, wenn Sie eine Arbeit abgeliefert haben.

Vertiefen Sie das Wesentliche, entfernen Sie das Überflüssige.

Meißeln Sie erbarmungslos alles weg, was unnötig ist. Und vertiefen Sie das, was brauchbar und nützlich ist. Ihre besten Ratgeber sind diejenigen, die am Schluss Ihre Arbeit in Empfang nehmen.

Nutzen Sie jede Erleichterung.

Halten Sie Ausschau nach Techniken, Maschinen und Serviceangeboten, die Ihnen eine professionelle und reibungslose Unterstützung anbieten. Falls Sie nichts Passendes entdecken, erfinden Sie etwas.

Gelassen arbeiten

Locker bleiben, wenn's stressig wird

Durchatmen.

Wenn die Anspannung zunimmt, ändert sich sofort unsere Atmung. Wir atmen flacher. Wir holen weniger Luft. Aber genau jetzt braucht unser Gehirn viel Sauerstoff, um gut denken zu können. Also holen Sie Luft. Tief ein- und ausatmen und noch einmal.

Akzeptieren.

Etwas läuft schief oder verzögert sich. Sie werden leichter damit fertig, wenn Sie die Tatsachen akzeptieren. Wer sich innerlich dagegen auflehnt, erzeugt nur unnötige Turbulenzen wie Hektik, Ärger und rücksichtsloses Autofahren. Dieser Psychostrudel raubt Ihnen die Kraft und verhindert, dass Sie das Problem klar erkennen und schnell lösen können. Also: erst akzeptieren, dann verändern.

Ändern, was zu ändern ist.

Wenn Sie unter Druck geraten, ist es Zeit, geschmeidig zu werden. Kurz zurücktreten, Abstand herstellen und in Ruhe überlegen: Was könnten Sie noch tun, um die Sache hinzubekommen? Wer könnte Ihnen helfen? Lässt sich das, was Sie vorhaben, *anders* erledigen?

Wichtigkeiten runterschrauben.

Das große Geheimnis der Gelassenheit lautet: »Das, was hier abläuft, kann mich nicht erschüttern, weil es nicht *so* wichtig ist.« Es ist kein Riesenunglück, Ihr Überleben ist nicht gefährdet. Es ist lediglich unangenehm. Vielleicht auch sehr unangenehm. Wie wird man mit dem Unangenehmen fertig? Halten Sie das Gefühl einfach aus. Wehren Sie sich nicht dagegen. Unangenehme Gefühle sind kein Beinbruch.

So können Sie sich die Arbeit leicht machen

Innerlich Ja sagen.

Bauen Sie keinen Widerstand gegen das auf, was Sie tun wollen. Sie erinnern sich: Wenn Sie etwas tun, aber innerlich dagegen sind, dann wird es anstrengend für Sie. Ihr inneres Nein ist wie Sand im Getriebe. Deshalb: Schalten Sie um auf Ja.

Überblick statt hektischer Aktivität.

Wenn Sie viel zu tun haben, dann hüten Sie sich vor blindem Aktionismus. Bevor Sie loslegen, klären Sie, wie das Ergebnis aussehen soll. Stellen Sie fest, worauf es wirklich ankommt, damit Sie Ihre Energie richtig einteilen können. Was ist wirklich wichtig, was nur nebensächlich? Diese kurze Planungszeit kann Ihnen viel unnötigen Kraftaufwand ersparen.

Ein Schritt nach dem anderen.

Zerlegen Sie eine umfangreiche Arbeit in kleine, übersichtliche Aufgaben. Nehmen Sie sich nicht den ganzen Berg vor, sondern nur das, was im Moment konkret dran ist. Trennen Sie die *nächste kleine* Treppenstufe aus dem Arbeitsberg heraus. Wie Sie wissen, beginnt selbst die längste Reise mit dem ersten Schritt. Dann kommt der zweite und der dritte ... Konzentrieren Sie sich heute auf den nächsten Schritt.

Ausdauer kommt von den Pausen.

Die denkbar schlechteste Lösung: Bei großen Aufgaben einfach durchpowern, alles geben bis zum Umfallen. Produktiver ist es, wenn Sie zwischen Anspannung und Entspannung hin und her pendeln. Das führt zu einer enormen Ausdauer. Sorgen Sie für Entspannung – während der Arbeit und nicht erst, wenn Sie in Rente gehen. Falls Sie viel sitzen, verschaffen Sie sich Bewegung. Und wenn es nur das Treppensteigen statt Fahrstuhlfahren ist. Und *bevor* Sie erschöpft sind, machen Sie eine Pause.

Fit fürs Faulenzen

Ausschalten

Die Kunst, nicht erreichbar zu sein

Legen Sie Zeiten fest, in denen Sie sich zurückziehen.

Bestimmen Sie selbst, wann Sie sich abschotten. Und warten Sie damit nicht, bis es mal »günstig ist« oder »sich ergibt«. Da könnten Sie Pech haben und bis zum Renteneintritt warten. Wer viel um die Ohren hat, braucht täglich seine Rückzugszeit. Gewöhnen Sie Ihre Mitmenschen daran.

Ein Platz zum Ausspannen.

Gehen Sie raus aus dem Trubel und suchen Sie sich einen Ort zum Relaxen. Egal, ob es nun Ihre Garage, ein verträumtes Bushaltestellenhäuschen oder Ihr Badezimmer ist – Hauptsache Sie können sich dort gut erholen. Manchmal sind auch Spaziergänge oder das Herumfahren mit dem Fahrrad eine gute Möglichkeit, abzuschalten.

Lassen Sie Ihr Handy öfter zu Hause.

Wenn Sie mal unerreichbar sind, bricht nicht alles gleich zusammen. Nehmen Sie Ihr Handy gezielt mit, wenn es wirklich Sinn macht. Ansonsten gehört es in die Schublade. Mein Lieblingsdialog zum Thema Handy: »Ich hab die letzten drei Tage ständig versucht, dich auf deinem Handy zu erreichen. Du bist nie rangegangen.« »Oh, tut mir Leid. Ich war unterwegs.«

Keine Dauerberieselung.

Eine neue Art geistiger Fitness: Informationshygiene. Sich gezielt informieren, statt dauernd berieselt zu werden. Trennen Sie die Spreu vom Weizen und stellen Sie den überflüssigen Infoquark ab. Fernsehen und Radio bewusst an- und abschalten.

Abstand herstellen.

Briefkasten und Anrufbeantworter sind gute Puffer, mit denen Sie Distanz schaffen können. Sie bestimmen, wann Sie sich mit den Botschaften anderer Leute beschäftigen wollen. Auch hier hilft es, wenn Sie die Arbeit bündeln. Legen Sie einen Zeitraum fest, um Telefonanrufe abzuhören, Briefe und Mails zu beantworten.

Das süße Nichtstun

Daran erkennen Sie, dass Ihnen Ruhe und Erholung fehlen:

Das Süchteln nimmt zu

Sie greifen öfter als gewöhnlich zur Zigarette. Sie trinken häufiger ein oder zwei Gläser von Ihrem alkoholischen Lieblingsgetränk, um zu entspannen. Sie essen mehr Süßigkeiten als sonst, trinken mehr Kaffee, um munter zu bleiben.

Schlafprobleme

Abends im Bett fällt es Ihnen schwer, einzuschlafen. Sie bleiben wach und Ihnen gehen die verschiedensten Gedanken durch den Kopf. Wenn Sie nachts aufwachen, dreht sich das Gedankenkarussell weiter und Sie können nur schwer wieder einschlafen.

Das Verständnis für andere nimmt ab

Sie merken, dass Sie sich über Seltsamkeiten anderer Leute leichter aufregen. In entspannten Zeiten konnten Sie die Macken Ihrer Mitmenschen einfach übersehen. Wenn Ihnen die nötige Erholung fehlt, sind Sie schneller genervt. Sie reagieren gereizt, vor allem, wenn etwas nicht klappt oder andere zu langsam sind.

Mangelnde Aufmerksamkeit

Sie merken, dass Sie häufiger zerstreut sind. Mitten im Gespräch stellen Sie fest, dass Sie Ihrem Gegenüber nicht zugehört haben, weil Sie mit Ihren Gedanken woanders waren. Sie suchen Ihre Haustürschlüssel und wissen nicht mehr, wo Sie die Kreditkarte gelassen haben. Während Sie darüber nachdenken, sind Sie mit dem Auto falsch abgebogen. Die Flüchtigkeitsfehler nehmen zu.

Die Genussfähigkeit nimmt ab

Sie sind auf das fixiert, was Sie zu tun haben, die kleinen Freuden am Wegesrand lassen Sie links liegen. Alles dreht sich nur noch darum, dass Sie Ihr Pensum schaffen. Das Schauen, Spüren, Genießen fällt ganz leise aus Ihrem Alltag heraus. Und wenn Sie Zeit haben, dann rüsten Sie sich dafür, am nächsten Tag Ihr Pensum zu schaffen. Der Duft der Rosen spielt dabei keine Rolle.

Nehmen Sie sich Zeit fürs Nichtstun

Däumchen drehen

Tragen Sie in Ihren Terminkalender häufiger ein DD für »Däumchen drehen« ein. Setzen Sie das Doppel-D zwischen zwei wichtige Termine. So bekommen Sie den nötigen Abstand von einer Aktivität und können sich leichter auf die nächste einstellen. Nehmen Sie sich für jedes Doppel-D zehn bis zwanzig Minuten Zeit.

Das Meeting mit der Stille

Legen Sie täglich eine Konferenz fest, die Sie nur mit sich selbst abhalten. Eine Verabredung mit dem Nichtstun. Einziger Tagesordnungspunkt: die Gedanken zur Ruhe bringen. Setzen Sie sich bequem hin und gucken Sie den Wolken nach. Lassen Sie die Gedanken einfach dahinplätschern, ohne sich darum zu kümmern.

Die Zeit anhalten

Wo immer Sie gerade sind, tauchen Sie in die Gegenwart ein. Lassen Sie alle Gedanken los, die sich mit der Vergangenheit oder Zukunft beschäftigen. Schweifen Sie nicht in die Ferne. Stellen Sie fest, was *jetzt* da ist. Erleben Sie diesen Augenblick. Genießen Sie den Moment und öffnen Sie Ihre Sinne. Schauen Sie sich um. Fühlen Sie Ihren Körper. Lauschen Sie dem Sound der Straße. Schnuppern Sie mal: Welchen Geruch hat das Jetzt?

Literatur

Weniger Stress und mehr Gelassenheit beim Arbeiten

Csikszentmihalyi, Mihaly: Flow. Das Geheimnis des Glücks. Stuttgart 1992

Das Buch beschreibt die Prinzipien des Bewusstseins und unsere Fähigkeit, in einem optimalen Zustand tätig zu sein.

Koch, Axel/Kühn Stefan: Ausgepowert? Hilfen bei Burnout, Stress, innerer Kündigung. Offenbach 2000

Kompaktes, klares Buch zum Thema Burnout mit nützlichen Übungen.

Kundtz, David: Stopping. Anhalten zum Durchhalten. Stuttgart 1998

Innehalten im Alltag mit der genialen Methode des Stopping. Wie alles Geniale ist es sehr einfach.

Wilson, Paul: Das Buch der Ruhe. Gelassenheit am Arbeitsplatz. München 1999

Gründliches Buch mit vielen praktischen Übungen.

Zeitmanagement und Arbeitstechnik

Es gibt zu diesem Thema viele Bücher auf dem Markt. Hier sind drei, die ich besonders gelungen finde:

Covey, R. Stephen/Merrill, A. Roger/Merrill, Rebecca R.: Der Weg zum Wesentlichen. Zeitmanagement der vierten Generation. Frankfurt/New York 2000

Ein Buch, das Ihnen hilft, das Wesentliche an die erste Stelle zu setzen. Sehr einleuchtend und motivierend geschrieben.

Hansen, Katrin: Zeit- und Selbstmanagement. Berlin 2001

Systematisch aufgebaut, übersichtlich mit Checklisten. Ein sehr praktisches Buch.

Seiwert, Lothar J.: Wenn du es eilig hast, gehe langsam. Das neue Zeitmanagement in einer beschleunigten Welt. Sieben Schritte zur Zeitsouveränität und Effektivität. Frankfurt/New York 1998

Ein Buch, das Ihnen zeigt, wie Sie mehr Balance zwischen Arbeit und Privatleben erreichen – und das für verschiedene Persönlichkeitstypen.

Arbeit und Beschleunigung

Braig, Axel/Renz, Ulrich: Die Kunst, weniger zu arbeiten. Berlin 2001

Ein Buch über die Berufsarbeit und warum sie uns so beherrscht. Zugleich ein Plädoyer für den Ausstieg aus dem Arbeitswahn und für mehr Müßiggang.

Gleick, James: Schneller! Eine Zeitreise durch die Turbo-Gesellschaft. Stuttgart/München 2000

Präzise Einblicke ins Schnellerwerden und welche Auswirkungen das immer höhere Tempo in unserem Alltag hat.

Griem, Roland: 101 Gründe nicht zu arbeiten. Kiel 2001

Humorvolle Argumentation für ein arbeitsfreies Leben.

Aus den eigenen Fähigkeiten einen Job machen, das eigene Können vermarkten

Bridges, William: Survival Guide für die neue Arbeitswelt. So vermarkten Sie Ihre Fähigkeiten erfolgreich. Frankfurt/New York 1998

Der Klassiker für alle, die sich mit ihrem Können ins rechte Licht rücken wollen.

Peters, Tom: Top 50 Selbstmanagement. Machen Sie aus sich die Ich-AG. München 2001

Ein Buch für die kreative Selbstvermarktung. Inspirierend und motivierend geschrieben.

Das Wenige, das viel bewirkt

Gladwell, Malcolm: Der Tipping Point. Wie kleine Dinge Großes bewirken können. Berlin 2000

In diesem Buch wird untersucht, warum kleine Veränderungen eine enorme Wirkung entfalten können. Beispiele aus dem Bereich der Wirtschaft, Gesellschaft und der Medizin.

Koch, Robert: Das 80/20 Prinzip. Mehr Erfolg mit weniger Aufwand. Frankfurt/New York 1998

Hier finden Sie zahlreiche Beispiele und viele Tipps, die Ihnen zeigen, dass es oft das Wenige ist, das den meisten Erfolg bringt.

Bücher zur Besinnung und fürs große »Was soll das alles?«

Harding Douglas: Das Buch von Leben und Tod. Bielefeld 1996

Großartiges Buch über das, was wir wirklich sind. Selten wurden tiefe Einsichten so praktisch und nachvollziehbar beschrieben.

Krishnamurti, Jiddu: Antworten auf die Fragen des Lebens. Zusammengestellt von D. Rajagopal. Freiburg 1992

Ein Buch voller Weisheit über die großen Dinge des Lebens: Liebe, Ehrgeiz, Eifersucht, Tod und Denken.

Lauterbach, Ute: Spielverderber des Glücks. Mit Lust und Leichtigkeit loswerden, was uns am Glücklichsein hindert. München 2001

Seiten voller Glücksgedanken. Jeder Satz ist ein Treffer.

Weitere Bücher von mir:

Berckhan, Barbara: Die etwas gelassenere Art, sich durchzusetzen. Ein Selbstbehauptungstraining für Frauen. München, 16. Aufl. 2000

Sich durchsetzen muss nicht anstrengend sein. Hier steht, wie Sie selbstsicher auftreten können, ohne sich dabei aufzureiben.

Berckhan, Barbara: Die etwas intelligentere Art, sich gegen dumme Sprüche zu wehren. Selbstverteidigung mit Worten. Ein Trainingsprogramm. München, 14. Aufl. 2000

Ein Buch voller einfacher und witziger Kontra-Antworten, mit denen Sie mühelos jede dumme Bemerkung abschmettern.

Berckhan, Barbara: So bin ich unverwundbar. Sechs Strategien, souverän mit Ärger und Kritik umzugehen. München, 4. Aufl. 2001

Für alle sensiblen Menschen, die mehr über den Dingen stehen wollen.

Berckhan, Barbara/Krause, Carola/Röder, Ulrike: Die erfolgreichere Art (auch Männer) zu überzeugen. München 1999

Hier finden Sie zahlreiche Methoden, mit denen Sie Ihre Aufregung in den Griff bekommen. Einfache Techniken, durch die Sie freier mit anderen reden können.

Informationen zu Seminaren und Coaching nach den Konzepten von Barbara Berckhan erhalten Sie bei Profitraining unter www.profitraining-online.de

Barbara Berckhan bei Kösel

Die gelassenere Art, sich durchzusetzen
240 Seiten.
Kartoniert
ISBN 3-466-30379-6

Die etwas intelligentere Art, sich gegen dumme Sprüche zu wehren
160 Seiten.
Klappenbroschur
ISBN 3-466-30446-6

Die erfolgreichere Art (auch Männer) zu überzeugen
200 Seiten.
Kartoniert
ISBN 3-466-30491-1

So bin ich unverwundbar
176 Seiten.
Klappenbroschur
ISBN 3-466-30521-7

KÖSEL

Einfach lebendig.
PSYCHOLOGIE UND LEBENSHILFE

Kösel-Verlag, München, e-mail: info@koesel.de
Besuchen Sie uns im Internet: www.koesel.de

Verwirklichen Sie *Ihre Ziele* gelassen

Thomas Hohensee
DAS ERFOLGSBUCH FÜR FAULE
Entdecken Sie, was Sie wirklich wollen und wie Sie es ohne Stress erreichen
ca. 200 Seiten. Klappenbroschur
ISBN 3-466-30579-9

Das Buch für alle, die genug haben von den superdynamischen Motivationstrainern mit ihren Powerprogrammen, die man maximal eine Woche durchhält.
Denn auch wenn es Ihnen schwer fällt, sich zu motivieren, oder Sie schnell aufgeben, wenn sich der Erfolg nicht sofort einstellt, können Sie Ihre Ziele erreichen. Mit einem realistischen Erfolgsprogramm. Mit dem »Erfolgsbuch für Faule«.

KÖSEL

Einfach lebendig.
PSYCHOLOGIE & LEBENSHILFE

Kösel-Verlag, München, e-mail: info@koesel.de
Besuchen Sie uns im Internet: www.koesel.de

Das etwas andere Glücksbuch

Ute Lauterbach
SPIELVERDERBER DES GLÜCKS
Mit Lust und Leichtigkeit
loswerden, was uns am
Glücklichsein hindert
237 Seiten. Klappenbroschur
ISBN 3-466-30543-8

Glück ist Lebenselixier und Kostbarkeit zugleich. Um es zu finden und zu bewahren, ist es wichtig, seine Freunde und Feinde zu kennen.
Ute Lauterbach stellt das Glück und 50 seiner Spielverderber vor, damit wir uns auf humorige Weise in die Glückspflege stürzen und zum genüsslichen »Enthauptungsschlag« dieser Spielverderber ausholen können. Die weiterführenden Lösungsfragen und die von der Autorin entwickelten Koans lassen ein lustvolles Trainingsprogramm entstehen.

KÖSEL

Einfach lebendig.
PSYCHOLOGIE & LEBENSHILFE

Kösel-Verlag, München, e-mail: info@koesel.de
Besuchen Sie uns im Internet: www.koesel.de

Bärbel Wardetzki
bei Kösel

WEIBLICHER NARZIßMUS
269 Seiten.
Kartoniert
ISBN 3-466-30320-6

»Iß DOCH ENDLICH MAL NORMAL!«
247 Seiten.
Kartoniert
ISBN 3-466-30406-7

OHRFEIGE FÜR DIE SEELE
217 Seiten.
Klappenbroschur
ISBN 3-466-30517-9

MICH KRÄNKT SO SCHNELL KEINER!
176 Seiten.
Kartoniert
ISBN 3-466-30569-1

KÖSEL

Einfach lebendig.
PSYCHOLOGIE UND LEBENSHILFE

Kösel-Verlag, München, e-mail: info@koesel.de
Besuchen Sie uns im Internet: www.koesel.de